社区毒品预防教育知识读本

王新建　李　琳 / 著

远离毒品　珍爱生命

中国书籍出版社
China Book Press

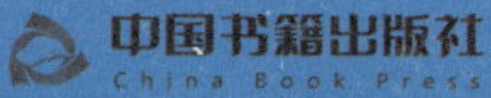

图书在版编目（CIP）数据

社区毒品预防教育知识读本 / 王新建，李琳著 . —北京：中国书籍出版社，2018.1
ISBN 978-7-5068-6657-6

Ⅰ . ①社… Ⅱ . ①王… ②李… Ⅲ . ①禁毒—中国—通俗读物 Ⅳ . ① D669.8-49

中国版本图书馆 CIP 数据核字（2018）第 016500 号

社区毒品预防教育知识读本

王新建　李琳　著

责任编辑 / 许艳辉　庞　元
责任印制 / 孙马飞　马　芝
封面设计 / 张晓伟　刘兰梅
出版发行 / 中国书籍出版社
地址：北京市丰台区三路居路 97 号（邮编：100073）
电话：（010）52257143（总编室）（010）52257140（发行部）
电子邮箱：eo@chinabp.com.cn
经　　销 / 全国新华书店
印　　刷 / 北京九天鸿程印刷有限责任公司
开　　本 / 787毫米 × 1092毫米　1/16
印　　张 / 11
字　　数 / 138 千字
版　　次 / 2018年5月第1版　2021年7月第2次印刷
书　　号 / ISBN 978-7-5068-6657-6
定　　价 / 37.60元

前言

当前，全球毒品问题仍处于加剧扩散期，一些国家和地区的毒品问题持续泛滥，制造、贩卖、滥用毒品问题严重，毒品来源、吸毒人员、毒品种类不断增多，毒品问题已成为全球性的社会顽疾。在毒品问题全球化的大背景下，中国毒品形势依然严峻复杂，境外毒品渗透不断加剧，国内制毒问题日益突出，毒品滥用问题持续蔓延，对社会危害更加严重。国内毒品问题将在相当长的一段时间内持续发展蔓延，禁毒工作面临着巨大压力和严峻挑战。

2016 年，全国吸毒人员总量仍在缓慢增长，以海洛因为主的阿片类毒品滥用人数增势放缓，以冰毒、氯胺酮为主的合成毒品滥用人数增速加快，滥用新精神活性物质有所发现，呈现出传统毒品、合成毒品和新精神活性物质叠加滥用特点，毒品滥用结构发生根本变化。

——吸毒人员总量缓慢增长，青少年人数增幅同比下降。截至 2016 年年底，全国共有吸毒人员 250.5 万名（不含戒断三年未发现复吸人数、死亡人数和离境人数），同比增长 6.8%。其中，不满 18 岁的有 2.2 万名，占 0.9%；18 岁到 35 岁的有 146.4 万名，占 58.4%；36 岁到 59 岁的有 100.3 万名，占 40%；60 岁以上的有 1.6 万名，占 0.7%。2016 年，全国新发现 35 岁以下的吸毒人员占新发现的吸毒人员总数比例同比下降 2.6%，新发现 35 岁以下的吸毒人员同比下降 19%，查获 35 岁以下青少年的吸毒人数同比下降 4.1%，青少年毒品预防教育成效初显。

——毒品滥用种类多元并存，合成毒品滥用规模居首位。在全国现有的 250.5 万名吸毒人员中，滥用合成毒品人员有 151.5 万名，占 60.5%；滥用阿片类毒品人员有 95.5 万名，占 38.1%；滥用大麻、可卡因等毒品人员有 3.5

万名，占1.4%。2016年，全国新发现吸毒人员44.5万名，其中滥用合成毒品人员占81%，滥用海洛因等阿片类毒品人员占15.8%，滥用大麻、可卡因等毒品人员占3.2%。2016年，全国查获复吸人员60万人次，其中滥用合成毒品人员占62%，滥用阿片类毒品人员占37.4%，滥用大麻、可卡因等毒品人员占0.6%。全国查获复吸人员已由过去以滥用阿片类人员为主转变为滥用合成毒品人员为主。

——新精神活性物质国内滥用增多，大麻等其他毒品滥用问题凸显。2016年，中国国家毒品实验室从各地送交的检测样品中，发现22份可直接吸食的新精神活性物质，反映出新精神活性物质在中国已存在滥用人群，主要是在娱乐场所滥用。全国现有滥用大麻人员1.7万名，其中2016年新发现滥用人员4836名，个别地方出现有组织聚众吸食现象。山西等地存在滥用甲卡西酮问题，内蒙古等地存在滥用土制海洛因问题，部分地区存在青少年滥用含可待因复方口服液体制剂的止咳药水问题。

社区毒品预防是整个毒品预防教育体系的组成部分，社区毒品预防的目标是谋求通过动员社区内的一切有利资源，改善吸毒人员的生活环境，增强对吸毒者的人文关怀，以减少吸毒行为的发生，创建“无毒社区”。但是，总体而言，社区毒品预防教育仍然是我国整个毒品预防教育工作中最薄弱的环节。

毒品蔓延迅速，吸、贩毒违法犯罪活动发展迅猛，毒品危害不断加剧，逐渐成为影响社会和谐稳定的重大消极因素之一。结合当前的社会现状，在我国开展有效的毒品预防教育，努力防止涉毒违法犯罪和刑事违法犯罪的发生，积极参与毒品斗争是每个公民不可推却的义务。

目录

第 1 章 认识毒品

No.1 / 毒品概述 / 1
一、毒品的定义 1
二、毒品的特征 2
三、吸毒方式 4
No.2 / 常见的毒品种类 / 6
一、鸦片类毒品 7
◎ 常见的天然鸦片类毒品 8
◎ 常见的人工合成鸦片类毒品 12
二、大麻与大麻制剂 16
◎ 大麻成分及其非法制品 16
◎ 大麻植物形态鉴别 19
三、苯丙胺类毒品 20
四、可卡因类毒品 22
五、其他新型毒品 25
No.3 / 毒品的危害 / 27
一、毒品阻碍了政治经济的发展 27
二、毒品扭曲了人类文明的前进轨迹 29
三、毒品影响了健康和谐的社会生活 31
No.4 / 吸毒成瘾问题 / 43
一、吸毒成瘾的特征 43
二、吸毒成瘾的机理 44
◎ 吸毒成瘾的过程 44
◎ 不同种类毒品的成瘾机理 45
三、复吸问题 49
◎ 复吸的个体原因 50
◎ 复吸的环境原因 52
◎ 干预复吸 54

第 2 章 远离毒品

No.1 / 吸毒诱因 / 55

一、社会因素 55

二、家庭因素 57

三、个体因素 60

No.2 / 珍爱生命 远离毒品 / 72

一、摆脱毒品四步法 73

◎ 拒绝毒品的诱惑 73

◎ 摆脱毒瘾 78

◎ 保持身体健康 81

◎ 寻找治疗方法 83

二、远离毒品，做到“十不要” 85

No.3 / 吸烟与吸毒 / 86

一、成瘾性 87

二、对人体健康的危害 87

三、对躯体器官的危害 89

四、对社会公众的危害 89

No.4 / 戒毒治疗 / 91

一、我国主要的戒毒模式 91

◎ 自愿戒毒 91

◎ 社区戒毒 93

◎ 强制隔离戒毒 96

◎ 戒毒康复 98

二、戒毒“九不要” 99

No.5 / 毒品与艾滋病 / 102

一、艾滋病概述 102

第 3 章　参与禁毒

No.1 / 毒品预防教育 /　107

一、毒品预防教育概述　107

◎ 毒品预防教育的概念　107

◎ 毒品预防教育的主体及对象　107

◎ 毒品预防教育的内容与途径　108

二、社区毒品预防教育　109

三、“无毒社区”概述　110

◎ “无毒社区”的概念　110

◎ “无毒社区”创建的意义　110

◎ 创建“无毒社区”的方法与步骤　111

四、创建“无毒社区”典型案例　114

五、预防吸毒“六不要”　115

No.2 / 禁毒志愿者 /　116

一、我国青年志愿者行动　116

二、禁毒青年志愿者及其组织　117

◎ 禁毒志愿者概述　117

◎ 禁毒志愿者的服务项目　118

◎ 禁毒志愿者的权利　119

◎ 禁毒志愿者的义务　120

三、社区群众参与禁毒　120

四、禁毒宣传“六进”活动　124

No.3 / 社会组织禁毒防范 /　126

一、发动社会组织开展禁毒宣传教育工作的重要性　126

二、关于开展禁毒宣传教育的法律规定　127

◎ 有关单位在禁毒宣传教育工作中的职责划分　127

◎ 开展全民禁毒宣传教育的具体法律规定　129

三、我国禁毒宣传教育的不足与建议 141
◎ 禁毒宣传教育工作存在的问题 141
◎ 完善和加强禁毒宣传教育的建议 144

No.4 / 群众参与禁毒的方法 / 150
开发和整合社区禁毒资源，打好禁毒的人民战争 150

第 4 章 知晓法律

一、毒品犯罪的法律规定 155
二、我国《刑法》规定的毒品犯罪的罪名 156
◎ 走私、贩卖、运输、制造毒品罪 156
◎ 非法持有毒品罪 158
◎ 包庇毒品犯罪分子罪 158
◎ 窝藏、转移、隐瞒毒品、毒赃罪 158
◎ 走私制毒物品罪 159
◎ 非法买卖制毒物品罪 159
◎ 非法种植毒品原植物罪 160
◎ 非法买卖、运输、携带、持有毒品原植物种子、幼苗罪 160
◎ 引诱、教唆、欺骗他人吸毒罪 160
◎ 强迫他人吸毒罪 160
◎ 容留他人吸毒罪 161
◎ 非法提供麻醉药品、精神药品罪 161
三、我国有关禁毒的主要的行政法规 161
四、毒 驾 167
五、国际禁毒日 167

第1章 认识毒品

毒品概述

一、毒品的定义

一提起毒品，大家似乎都有这样一个模糊的概念：毒品就是鸦片、海洛因、冰毒等让人成瘾并对人体健康产生危害的物质。这样的认识还不够全面，那么，到底什么是毒品呢？

通俗地说，毒品泛指可以对人体造成伤害的化学物质、毒物、毒剂，在日常生活口语中特指被人类当作嗜好品所滥用的功能性药物，多为精神药品或麻醉药品，因滥用这类药品会损害身心健康，所以中文称之为毒品。1990年，全国人大常委会《关于禁毒的决定》第1条首次对毒品下了定义：毒品是指鸦片、海洛因、吗啡、大麻、可卡因以及国务院规定管制的其他能够使人形成瘾癖的麻醉药物和精神药品。1997年3月，我国第八届全国人民代表大会对《中华人民共和国刑法》进行了修订。其中对毒品的定义是这样的："毒品是指鸦片、海洛因、甲基苯丙胺（冰毒）、吗啡、大麻、可卡因以及国家规定管制的其他能够使人形成瘾癖的麻醉药品和精神药品。"与1990年的《关于禁毒的决定》相比，新增加了甲基苯丙胺（冰毒）。

毒品通常分为麻醉药品和精神药品两大类，《麻醉药品及精神药品品种目录》中列明了121种麻醉药品和130种精神药品。其中最常见的是麻醉药品类中的大麻类、鸦片类和可卡因类。

二、毒品的特征

1. 依赖性

通常来说，毒品都具有一定的医用价值，如果正常使用，它就属于药物，而不是毒品。但是这些物质与其他药物最大的不同就是它们可以让使用者产生心理和生理依赖，从而导致滥用的结果。毒品的身体依赖是指中枢神经系统对长期使用的药物所产生的一种身体上的适应与依赖的状态，如果停止使用该药，就会感觉全身不适，因此，必须不停用药才能保持身体平衡；心理依赖是指毒品进入人体后作用于人的神经系统，使吸毒者出现一种渴求用药的强烈欲望，从而驱使吸毒者不顾一切地寻求和使用毒品。

2. 危害性

某些成瘾性药物之所以被称为毒品，关键就在于它具有危害性。毒品的危害性主要表现在生理、心理和社会三个方面。

首先，毒品的生理危害是指用药者为了避免戒断反应，就必须定时用药，并且不断加大剂量，并最终离不开毒品。另一方面，毒品对人的神经、大脑、呼吸、消化和心血管及肌肉等重要脏器、系统或组织有很大的毒性，所以在吸食期间或戒断后一段时间内，吸毒者的身体会出现不同程度的中毒反应，有时甚至危及生命。

其次，毒品的心理危害是指即使吸毒者经过脱毒治疗，在急性期戒断反应基本控制后，使用者在心理上仍然保持一定的觅药渴求，要想完全康复原有生理机能往往需要数月甚至数年的时间。心理依赖会改变吸毒者的生活方式、性格特点、心理素质和意志行为，从而导致一系列非常态行为乃至危害行为的发生。

最后，毒品的社会危害主要表现为以下三个方面。第一，吸毒会减少国家财政收入，增加财政开支负担；第二，吸毒会带来各种社会犯罪问题，尤其是因贩毒活动而形成的犯罪集团和黑社会组织，以及由此引发的暴力、凶杀、贿赂和洗钱等犯罪活动；第三，吸毒还会造成传染病的感染、传播与流行，尤其是艾滋病的感染和传播，具有严重的社会危害性。

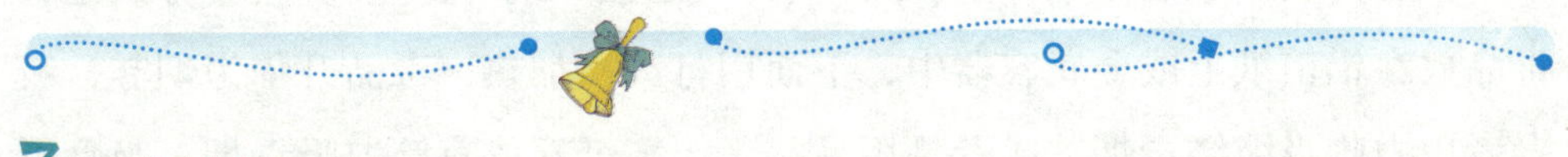

3. 非法性

毒品的本质特征是非法性，即毒品是法律明文规定禁止滥用的能够使人形成瘾癖的麻醉药品和精神药品。到目前为止，我国现行涉及毒品管制的法律、法规主要有《刑法》《关于禁毒的决定》《治安管理处罚法》《药品管理法》《麻醉药品管理法》《精神药品管理法》等；另外，我国还加入了关于禁毒的国际公约组织。我国政府有关部门还对制造上述管制药品的原植物和原料种植、加工、生产等一系列环节制定了严格的计划和措施，以确保麻醉药品和精神药品的正确的医疗用途，坚决禁止任何非法行为。

三、吸毒方式

1. 烟 吸

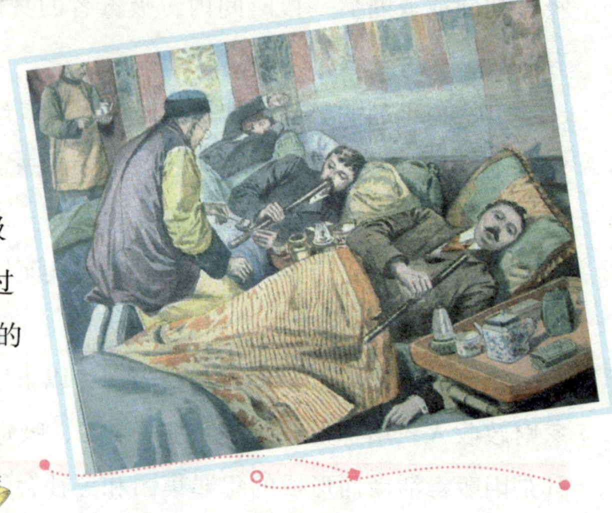

百余年前，吸食鸦片是借助烟枪点燃烟土口吸。现在吸毒多是将海洛因掺入烟丝，通过吸烟时将毒品吸入体内。大麻的吸毒方式多是抽大麻烟吸入。

2. 烫 吸

烫吸又称“吸烫烟”，瘾君子称其为“走板”或“追龙”。吸食方式是将毒品放在铝箔纸上或金属容器中，下面用打火机加热，毒品升华为烟雾，吸毒者用力吮吸缕缕毒烟，或者是用另一张铝箔纸卷成直筒追吸毒烟。吸食可卡因和海洛因常采取这种方式。

3. 鼻 嗅

鼻嗅又称“鼻吸”，是将毒品装入3~5厘米的小管中，在小管中插入稻草秆、塑料管、纸管等，然后对准鼻孔用力吸入，或堵住一个鼻孔，用另一个鼻孔猛吸。吸食可卡因和挥发性有机溶剂多采用此方式。

4. 口服

过去曾有口服阿片酊、大麻油，现在，这种方式多用于吸食麻醉药品和精神药品的制剂，如口服可待因片剂、二氢埃托啡片剂、含阿片类的糖浆剂等。口服的吸食方式使药物进入体内的速度较慢，危险性相对于其他方式较低。

5. 注射

毒品的注射方式包括三种：皮下注射、肌肉注射和静脉注射。近些年来，静脉注射在国际上十分流行，这种方式就是吸毒者俗称的“扎”。吸毒到了一定程度，量小或者纯度不够时，吸毒者往往会采用让毒品直接进入血液的“扎”的手段，以此来寻求一种短暂即逝的“快感”。为了不易被察觉，一般情况下，吸毒者会选择较为隐蔽的身体部位进行注射，如臂膀内侧、颈部、大腿内侧、腹股沟处、舌下以及女性的乳房下侧和男性的生殖器部位。吸食海洛因、可卡因、冰毒等毒品均可采用静脉注射方式。

常见的毒品种类

毒品种类很多，范围很广，分类方法也不尽相同。

首先，从毒品的来源看，可分为天然毒品、半合成毒品和合成毒品三大类。天然毒品是直接从毒品原植物中提取的毒品，如鸦片；半合成毒品由天然毒品与化学物质合成而得，如海洛因；合成毒品完全用有机合成的方法制造而成，如冰毒。

其次，从毒品对人中枢神经产生的作用看，可分为抑制剂、兴奋剂和致幻剂等。抑制剂能抑制中枢神经系统，具有镇静和放松的作用，如鸦片类；兴奋剂能刺激中枢神经系统，使人产生兴奋，如苯丙胺类；致幻剂能使人产生幻觉，导致自我歪曲和思维分裂，如麦司卡林。

再次，从毒品的自然属性看，可分为麻醉药品和精神药品。麻醉药品是指对中枢神经有麻醉作用，连续使用易产生身体依赖性的药品，如鸦片类；精神药品是指直接作用于中枢神经系统，使人兴奋或抑制，连续使用能产生依赖性的药品，如苯丙胺类。

最后，从毒品流行的时间顺序看，可分为传统毒品和新型毒品。传统毒品一般指鸦片、海洛因等阿片类流行较早的毒品；新型毒品相对传统毒品而言，主要指冰毒、摇头丸等人工化学合成的致幻剂、兴奋剂类毒品，在我国主要从20世纪末、21世纪初开始在歌舞厅等娱乐场所中流行。

一、鸦片类毒品

鸦片，又叫阿片，俗称大烟，是将罂粟未成熟的种子荚割开后，所渗出的白色乳汁干燥凝固的产物。罂粟是一种一年生或两年生草本植物，0.9~1.2米高，长有直径10~13厘米的花朵，花色有白色、粉色、红色、紫红色或紫色。鸦片只能在罂粟生长期中很短的日子里，即在花瓣凋谢之后和种子荚果成熟之前生产和收割。

◎ 常见的天然鸦片类毒品

1. 生鸦片

生鸦片是将成熟的罂粟果切开，渗出乳白色浆汁，此浆汁在空气中由于氧化作用变成棕褐色，即为生鸦片。

2. 熟鸦片

熟鸦片也称为精致鸦片，它是将生鸦片用水浸泡后加热，经过滤去除杂质，将剩下的滤液蒸发至沥青状，在空气中晾干，凝固成深褐色块状，即为熟鸦片。

吸毒方式：

烟斗抽吸、静脉注射、吞服。

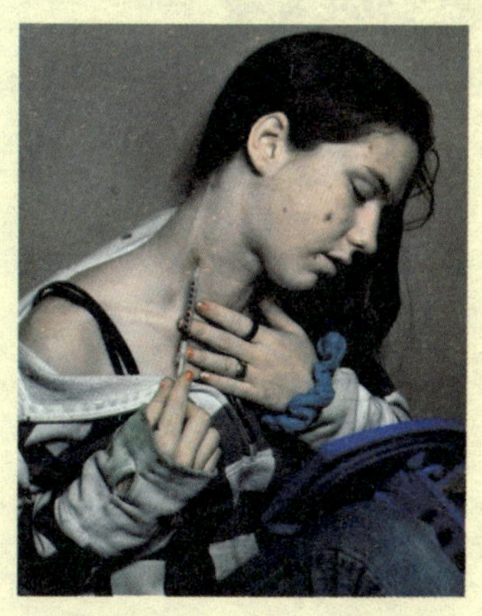

吸食鸦片的基本工具有烟签、烟灯和烟枪等，一般是将生鸦片用锅在文火上熬成可以用烟签挑起来的膏状物，即熟鸦片，再通过烟枪吸进呼吸道。吸毒人员中烟瘾不大者每天吸食10～20次，重者每天百余次；或把鸦片溶于水中直接用针进行静脉注射，而静脉注射成为艾滋病传播的主要途径之一；鸦片也可以直接吞服，但吞服起效时间较迟，其效应不那么强烈，但维持时间较长。当吸毒者经济拮据无法购买其他较贵的毒品时，大多数人会选择自己种植罂粟，自己加工鸦片。而吸食方式经常使用直接吞服，用他们的话讲，“自种鸦片吸比吸纸烟红塔山还便宜”。另外，有些吸食鸦片已成瘾癖的中老年人，他们不会再吸食其他毒品。

中毒症状：

鸦片作为药物使用，长期或过量使用，则会造成药物依赖性；作为毒品吸食，会对人体健康产生难以挽回的损害甚至造成死亡。吸食鸦片后会出现欣快感、无法集中精神、产生梦幻现象，导致高度的心理及生理依赖性，长期使用后停止则会发生药物渴求、不安、流泪、流汗、流鼻水、易怒、发抖、寒战、打冷战、厌食、便秘、腹泻、身体蜷曲、抽筋等戒断症。云南的一项调查表明，吸毒者走出戒毒所以后，复吸率在80%以上。过量使用鸦片则会造成急性中毒，症状包括昏迷、呼吸抑制、低血压、瞳孔变小，严重的会引起呼吸抑止，致人死亡。长期使用还能破坏内分泌和免疫系统功能，使吸毒者的抵抗力大大降低。由于不洁注射，还会引起局部和全身感染，如脓肿、肝炎和艾滋病等。

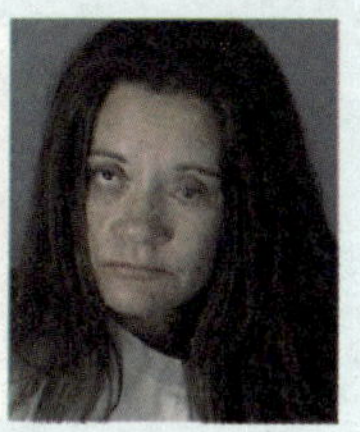

识别方法：

新鲜的生鸦片有弹性，有类似氨味或陈旧尿液味，味苦。长时间放置的生鸦片因水分的散失而呈棕褐色硬块，形状不一，常以球状、饼状、砖状进行贩运或出售。熟鸦片是用水浸泡加热混合而成的，手感光滑柔软，味道略苦，次于生鸦片。

3. 吗 啡

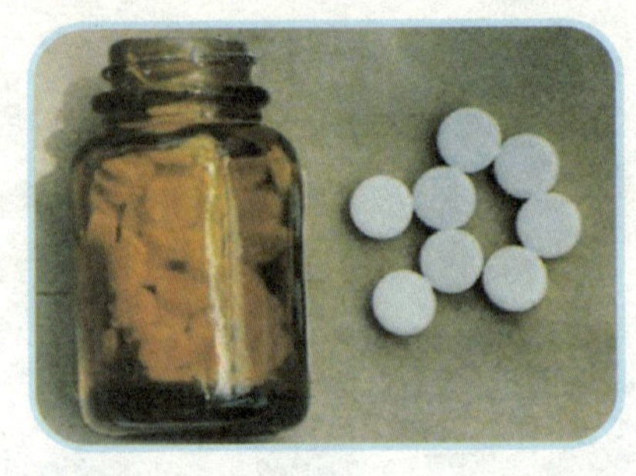

吗啡是从鸦片中分离出来的一种生物碱，在鸦片中含量10%左右，具有镇痛、催眠、止咳、止泻等作用，吸食后会产生欣快感，比鸦片容易成瘾。长期使用会引起精神失常、谵妄和幻想，过量使用会导致呼吸衰竭而死亡。历史上，它曾被用作精神药品戒断鸦片，但由于其副作用过大，最终被定为毒品。吗啡多以盐酸盐的形式存在，主要包括精制吗啡、吗啡碱、吗啡片等。海洛因、杜冷丁、美沙酮等都是吗啡的衍生物。

物理属性：

纯度不同，颜色不同，常见颜色为白色、浅黄色或棕色，无臭，味苦有毒，遇光易氧化变色，溶于水，微溶于乙醇。医用吗啡制成吗啡硫酸盐、吗啡盐酸盐等，制成白色无味道小药片或针剂。鼻闻有酸味，但吸食时有浓烈香甜味。

吸毒方式：

口服、抽吸、鼻吸或注射。滥用吗啡者多数采用注射的方法，在同样质量下，注射吗啡的效果比吸食鸦片强烈10~20倍。

中毒症状：

使用之初有欣快感，无法集中精神，会产生梦幻现象。过量使用会造成急性中毒，症状包括昏睡、呼吸抑制、低血压、瞳孔变小。心理及生理会有依赖性，依赖后停药会发生渴求药物、不安、流泪、流汗、流鼻水、易怒、发抖、恶寒、寒战、厌食、腹泻、抽筋等戒断症状。

识别方法：

吗啡具有特殊的气味，形状似细咖啡粒，纯净的吗啡为无色或白色的结晶或粉末，难溶于水，易吸潮。粗制吗啡又称为“黄陂”，其吗啡含量一般为70%~90%，呈粉末状或块状，有白色、米色和深褐色。

◎ 常见的人工合成鸦片类毒品

1. 海洛因

海洛因即二乙酰吗啡，鸦片毒品系列中最纯净的精制品，是目前我国吸毒者吸食和注射的主要毒品之一。1874 年，英国化学家 C·莱特在吗啡中加入冰醋酸等物质，首次提炼出镇痛效果更佳的半合成化衍生物二乙酰吗啡，即海洛因。

物理属性：

海洛因为白色粉末，微溶于水，易溶于有机溶剂，盐酸海洛因易溶于水，其溶液无色透明。海洛因进入人体后，首先被水解为单乙酰吗啡，然后再进一步水解成吗啡而起作用。因为海洛因的水溶性、脂溶性都比吗啡大，故它在人体内吸收更快，易透过血脑屏障进入中枢神经系统，产生强烈的反应，具有比吗啡更强的抑制作用，其镇痛作用亦为吗啡的4~8倍。最初的海洛因曾被用作戒除吗啡毒瘾的药物，后来发现它同时具有比吗啡更强的药物依赖性，常用剂量连续使用两周甚至更短即可成瘾，由此产生严重的药物依赖。

根据提炼纯度，海洛因分为不同等级：

Ⅰ号：阿片，呈黑色或褐色；

Ⅱ号海洛因：阿片制成吗啡过程中的中间产物，呈淡灰褐色；

Ⅲ号海洛因：棕色或灰色颗粒状的粗制海洛因；

Ⅳ号海洛因：精炼而成，白色粉末状，纯度为90%左右；

Ⅴ号海洛因：其纯度高达99.9%。

吸毒方式：

海洛因可用鼻嗅、吸食、皮下注射和静脉注射，其中后两种方法较常见。据测定，海洛因对人体的毒性是吗啡的5倍以上，吸食海洛因两次后，大多数情况下都会使人上瘾，产生生理和心理依赖。

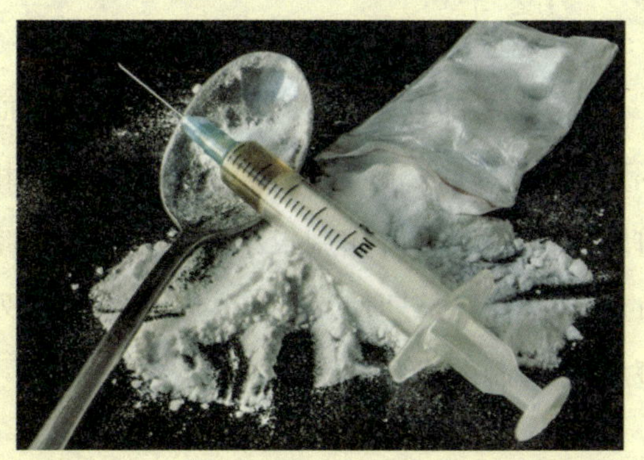

戒断症状：

焦虑、烦躁不安、易激动、流泪、周身酸痛、失眠、起“鸡皮疙瘩”、有灼热感、呕吐、喉头梗塞、腹部及其他肌肉痉挛、失水等。还出现神经质、精神亢奋、全身性肌肉抽搐、大量发汗或发冷，男性还会出现自发性的阴茎勃起甚至射精，或二者兼而有之。

中毒症状：

瞳孔缩小如针孔，皮肤冷而发黑，呼吸极慢，深度昏迷，呼吸中枢麻痹，衰竭致命。海洛因吸毒者极易发生皮肤细菌感染，如脓肿、败血症、破伤风、肝炎、艾滋病等，甚至会因急性中毒而死亡。

识别方法：

海洛因的纯度不同，外观也不同，一般情况下呈灰白色粉末状或块状，有少许醋味儿。从“金三角”地区流入的块状海洛因通常用黄色胶带纸封装，每块约重350克，两块称为“一件”。用于人体藏毒的海洛因通常包装成直径约1厘米、长约5厘米的条状，用塑料纸层层包裹后再以避孕套密封，便于吞食和保证安全。

2. 杜冷丁

杜冷丁即盐酸哌替啶，是一种临床应用的合成镇痛药，其作用和机理与吗啡相似，但镇静、麻醉作用较小，仅相当于吗啡的1/10~1/8。长期使用会产生依赖性，被列为严格管制的麻醉药品。

物理属性：

为白色结晶性粉末，味微苦，无臭。

吸毒方式：

口服或皮下注射。

中毒症状：

有头痛、头昏、出汗、口干、恶心、呕吐等，过量可致瞳孔散大、惊厥、心动过速、血压下降、呼吸抑制、昏迷等。杜冷丁连续使用可成瘾，连续使用1~2周便可产生药物依赖性。研究表明，这种依赖性以心理为主，生理为辅，但两者都比吗啡的依赖性弱。停药时出现的戒断症状主要有精神萎靡不振、全身不适、流泪流涕、呕吐、腹泻、失眠，严重者也会产生虚脱。一旦停药后则会产生相似于吗啡戒断后的戒断综合症。杜冷丁的滥用是我国当前所面临的毒品问题之一，据上海戒毒康复中心的调查，部分人依赖杜冷丁是从治疗某些疾病而逐渐上瘾的，但大多数吸毒者滥用杜冷丁只是为了追求感官刺激。

3。美沙酮

盐酸美沙酮（简称美沙酮）为 μ 阿片受体激动剂，药效与吗啡类似，具有镇痛作用，并可产生呼吸抑制、缩瞳、镇静等作用。与吗啡比较，具有作用时间较长、不易产生耐受性、药物依赖性低的特点，是二战期间德国合成的替代吗啡的麻醉性镇痛药。20 世纪 60 年代初期发现此药物具有治疗海洛因依赖脱毒和替代维持治疗的药效作用。

口服或肌肉注射。

中毒症状：

与吗啡类似，但相对较轻，使用过量时主要有头痛、眩晕、恶心、出汗、嗜睡、欣快、便秘、体位性低血压；具有成瘾性，长期使用应注意组织蓄积产生的过量中毒以及导致的药物依赖。美沙酮导致的药物依赖属中度至重度，表现为突然停药后出现阿片戒断症状；长期使用美沙酮的妊娠妇女，娩出的新生儿可出现戒断综合征，表现为震颤、肌肉强直、烦躁不安（啼哭）、呵欠、喷嚏、呕吐、腹泻等，可采取镇静和对症治疗。美沙酮过量可导致呼吸抑制，呼吸抑制主要表现为昏迷、呼吸变浅变慢、瞳孔缩小呈针尖状（严重呼吸抑制可因脑缺氧而散大）、血压下降，甚至休克，严重者可因呼吸抑制而死亡。

二、大麻与大麻制剂

大麻、海洛因以及可卡因是国际上被滥用的三大毒品。滥用大麻现象已在全球范围内普遍存在，造成了极其严重的公共卫生问题和社会问题。那么，大麻类毒品主要是以什么形式存在的呢？在生活中，我们又该怎样辨别呢？

◎ 大麻成分及其非法制品

1. 大麻成分

大麻是桑科一年生草本植物，分为有毒大麻和无毒大麻。无毒大麻的茎、秆可制成纤维，籽可榨油。有毒大麻主要指矮小、多分枝的印度大麻。这类大麻开花时植株顶部所含的树脂状物质中含有一类精神活性物质，被统称为大麻脂类物质，四氢大麻酚（THC）、大麻二酚、大麻酚等是主要的大麻脂类物质。其中，最主要的活性成分就是四氢大麻酚（THC）。

大麻植株的生长受气候、区域、温度、湿度等影响比较大，种类很多。大麻树脂和纤维的含量因其种类不同

而有所差异。一般纤维型的大麻植株内含 THC 小于 0.3%，而毒品型的大麻植株内 THC 含量则远大于 0.3%。大麻脂类物质在大麻植株上的部位不同，含量也不相同，在花苞、花、叶、小茎、大茎、根和籽中的含量依次递减，花苞中 THC 含量可达到 11.4% 之高。

2. 大麻非法制品

● **大麻植物干品** 大麻植物干品是由大麻植株或植株的部分经过晾晒后压制而成的，其中的主要精神活性成分四氢大麻酚（THC）的含量为 0.5%~5%。

● **大麻树脂** 大麻树脂主要是由大麻的果实和花顶部，经压搓后渗出的树脂制成的，其中的四氢大麻酚（THC）含量为 2%~10%。

● **大麻油** 大麻油是从大麻植株或大麻树脂中提炼出来的液态大麻物质，其中四氢大麻酚（THC）含量较高，为 10%~60%。

吸毒方式：

吸毒者通常以香烟、雪茄、烟斗、烟枪的方式来摄入，大麻通常是用顶部的嫩叶、花苞和花顶部制成，吸食者将其卷在香烟中抽吸。有时大麻也可以烘烤成食品，或用来泡茶。

中毒症状：

抽吸大麻只需要数分钟至一刻钟就能出现中毒症状，咀嚼大麻30分钟后出现中毒症状，症状会持续2~3小时，毒性比口服大麻所产生的毒性大3倍多。低剂量会导致吸食者坐卧不安，感知倍增，随之进入松弛梦幻状态，常觉饥饿，尤喜吃甜食；高剂量则加剧反应，吸食者眼前梦境飘移，情绪快速波动起伏，思绪断断续续，障碍性飘忽不定，自我意识改变，记忆残缺，注意力迟钝，对空间、时间、距离、速度的判断发生偏差，视觉夸大，对声音敏感，情绪易走极端等，易被暗示。成人致死量为5~10毫克。

大麻的毒性主要作用于中枢神经，吸食后很快被吸收，随之很快会完全转化生成代谢物，分布于血液、脑、肝、脾、肺和心脏。肝脏中浓度降低最早（代谢形成），代谢物从尿和粪便中排出。长期吸食大麻可引起精神及身体变化，如情绪烦躁、反应迟钝、语无伦次、神情痴呆、身体免疫力与抵抗力下降等，同时，对驾车和复杂技术操作出现不协调，容易造成意外事故。

滥用的危害：

1. 神经障碍。吸食过量会产生意识不清、焦虑、抑郁等症状，对人产生敌意冲动或有自杀意愿。长期吸食大麻会诱发精神错乱、偏执和妄想。

2. 对记忆和行为造成损害。滥用大麻可使大脑记忆及注意力、计算力和判断力减退，使人思维迟钝、木讷、记忆混乱。长期吸食还会引起退行性脑病。

3. 影响免疫系统。吸食大麻会破坏机体免疫系统，造成细胞与体液免疫功能低下，易受病毒、细菌感染，所以大麻吸食者患有口腔肿瘤的人数比较多。

4. 引起气管炎、咽炎、气喘发作、喉头水肿等疾病。吸一支大麻烟对肺功能的影响比吸一支香烟大 10 倍。

5. 影响运动协调。吸食大麻过量时会损伤肌肉运动的协调功能，造成站立平衡失调、手颤抖、失去复杂的操作能力和驾驶机动车的能力。

◎ 大麻植物形态鉴别

1. 叶　子

大麻植株的叶子为绿色、棕色或带有棕色斑点；带有独特的叶脉和锯齿边；顶部的叶子上带有钟乳体绒毛；叶子反面的绒毛长而尖；在叶子上喷洒一些经过稀释的盐酸，叶子会冒出气泡。

2. 种子“外壳”

种子“外壳”为绿色、棕色或带有棕色斑点；形状独特；表面上长有钟乳体绒毛及腺体绒毛。

3. 果　实

大麻的果实也即种子，为黄色或棕色，多带有斑点，呈卵形；种子外部包有一层龙骑的表皮，带有独特的花纹，胚乳为白色，像椰肉。

三、苯丙胺类毒品

苯丙胺类毒品是人工合成的兴奋剂，由不同的元素和原子团进行排列组合而成。如今，苯丙胺类毒品的种类越来越多，它们大多既有兴奋作用又有致幻作用。苯丙胺药物强烈的兴奋作用使它们刚应用于临床不久就开始被滥用。从1932年起就有人为寻求感官刺激而吸食苯丙胺，1996年11月25日，联合国禁毒署在上海召开的国际兴奋剂专家会议上，专家一致认为苯丙胺类兴奋剂将逐步取代20世纪流行的鸦片、海洛因、大麻、可卡因等常用毒品，成为21世纪全球范围滥用最为广泛的毒品。

最常见的苯丙胺类毒品为冰毒。冰毒即甲基苯丙胺，又称甲基安非他明、去氧麻黄素，为纯白色晶体，晶莹剔透，外观似冰，俗称“冰毒”，吸、贩毒者也称之为“冰”。该毒品小剂量吸食时有短暂的兴奋、抗疲劳作用，故其丸剂又有“大力丸”之称。冰毒最早由日本人发明，第二次世界大战时，日本侵略者给士兵服用冰毒以提高战斗力。20世纪50年代在我国叫“抗疲劳素片”，1957年在重庆曾出现过吸食冰毒成瘾的人群，1962年，在山西、内蒙古等地也发生过滥用冰毒的问题，后来国家禁止了冰毒的生产、销售与使用。

吸毒方式：

冰毒有多种吸食方式，常见的主要有四种：与香烟同吸；口服（俗称“溜冰”）；鼻吸（俗称“追龙”）；静脉注射。

中毒症状：

苯丙胺类兴奋剂具有强烈的中枢兴奋作用，滥用者吸食之后会处于强烈的兴奋状态，表现为：不吃不睡、活动过度、情感冲动、不讲道理、暴力倾向等。

长期使用苯丙胺会导致慢性中毒，慢性中毒可造成体重减轻和精神异常（即苯丙胺精神病，或称妄想障碍，出现幻觉、妄想状态，酷似偏执性精神分裂症）。当然，苯丙胺使用过量也会产生急性中毒，通常表现为以下几点：

1 不安、头昏、震颤、话多、烦躁、出现偏执性幻觉或惊恐和腱反射亢进反应，有的会产生自杀或杀人倾向。

2 出现心血管病症状，如头痛、寒战、面色苍白或发赤、心悸、心律不齐、心绞痛、血压升高、血压降低或循环性脱虚；还会出现肠胃功能障碍，如口干、口中有金属味道、厌食、恶心、呕吐、腹泻、腹部绞痛；严重的会产生惊厥、脑出血、昏迷致死。

3 也会发生其他滥用感染合并症，包括肝炎、细菌性心内膜炎、败血症和性病、艾滋病等传染性疾病。

我国不生产苯丙胺类药物，也严禁在临床上使用。我国所有涉及苯丙胺类毒品的案件无一不与境外的贩毒集团有关。近几年来，我国广东、福建等地的公安机关破获了多起港、台毒品犯罪集团在大陆非法生产、走私和销售冰毒的案件，缴获了大量毒品、半成品及化学配剂，捣毁了设在我东南沿海省市的多个地下冰毒加工厂（点），给国际制、贩冰毒的犯罪活动以有力的打击。吸食冰毒可产生强烈的依赖性，在人体内的作用快而强，一旦断药，会出现戒断症状。用药后精神兴奋、性欲亢进，对食物和睡眠的要求降低，常导致激动不安和暴力行为。

四、可卡因类毒品

可卡因是一种高强度的兴奋剂，吸食后能够使中枢神经处于高度兴奋的状态。在引起中枢神经兴奋的同时，可卡因在消化系统中起逆向反应，胃液和胆汁的分泌都会受到抑制，这就是那些吸毒者饥饿感消失了的原因。同时，这种可卡因还有一种刺激作用，从而会减轻胃痉挛、风湿疼痛、头痛等多种症状和反应。

1. 古 柯

古柯是生长在美洲大陆、亚洲东南部及非洲等地的热带灌木，尤为南美洲的传统种植物。古柯树株高1.5~3米，生长周期为30~40年，每年可采摘古柯叶3~4次。古柯叶是提取古柯类毒品的重要物质，曾为古印第安人习惯性咀嚼，并被用于治疗某些慢性病，但很快其毒害作用就得到科学证实。从古柯叶中可分离出一种最主要的生物碱——可卡因。

2. 可卡因

可卡因俗称“可可精”，学名苯甲酰甲醛芽子碱，是1860年德国化学家尼曼从古柯叶中提取的一种白色晶状的生物碱，其盐类呈白色晶体状，无气味，味略苦而麻，易溶于水和酒精，兴奋作用强，是强效的中枢神经兴奋剂和局部麻醉剂。可卡因能阻断人体神经传导，产生局部麻醉作用，并可通过加强人体内化学物质的活性刺激大脑皮层，兴奋中枢神经，表现出情绪高涨、好动、健谈，有时还有攻击倾向，具有很强的成瘾性。它对人体有三种作用：

1. 能阻断神经传导，产生局部麻醉作用，对眼、鼻、喉黏膜神经的效果尤其明显，因此在早期曾被作为麻醉剂广泛用于眼、鼻、喉等五官的外科手术中。但由于可卡因盐酸盐的不稳定性，表面局部麻醉会引起角膜混浊，因此现在临床上已经用新的、毒副作用更小的麻醉药取代了可卡因。

2. 可卡因通过加强人体内化学物质的活性刺激大脑皮层兴奋中枢神经，并继而兴奋延髓和脊髓，表现为情绪高涨、思维活跃、好动、健谈，能较长时间地从事紧张的体力和脑力劳动，甚至胜任繁重的、平时不能承担的工作。尤其危险的是服用可卡因具有一定的攻击性。

3. 可卡因能使呼吸加深、加快，换气量增大，同时心率也加快，心脏收缩力加强，血管平滑肌松弛，对肺血管、冠状动脉等全身血管都有程度不同的扩张作用，对支气管平滑肌、胆道和胃肠平滑肌也有一定的舒张效应。

中毒症状：

可卡因对神经系统的兴奋作用仅能维持半个多小时，接着就转入抑制状态，出现口干、吞咽困难、恶心、呕吐、肠胃疼痛、腹泻等症状，严重者还会出现烦躁不安、精神恍惚、语言增多、疲倦、淡漠、瞳孔散大等症状，甚至达到意识不清和昏迷不醒的程度，还会伴有寒战，肌肉纤维颤动，强直性及阵挛性惊厥，如不及时抢救，可能引起呼吸、循环衰竭。吸食可卡因会产生很强的心理依赖性，长期吸食可导致精神障碍，也称可卡因精神病，易产生触幻觉与嗅幻觉，最典型的是皮下有如虫行蚁走，奇痒难忍，造成严重抓伤甚至断肢自残，情绪不稳定，容易引发暴力或攻击行为。长时间大剂量使用可卡因后突然停药，会出现抑郁、焦虑、失望、易激惹、疲惫、失眠、厌食。长期吸食者多营养不良，体重下降。古柯、可卡因类毒品属于兴奋剂，进入人体后能使脉搏、心率加快，血压及体温升高，精神亢奋，发生慢性中毒。

识别方法：

可卡因一般为纯白、灰白粉末，有特殊气味，是一种极其强烈的局部麻醉药物，通过鼻孔吸食会产生一种高度愉快的感受，一定剂量后会致幻，大剂量使用会过分兴奋激动，周身颤抖，从而导致中枢神经传导受阻，甚至导致吸食者死亡。

五、其他新型毒品

1. 摇头丸

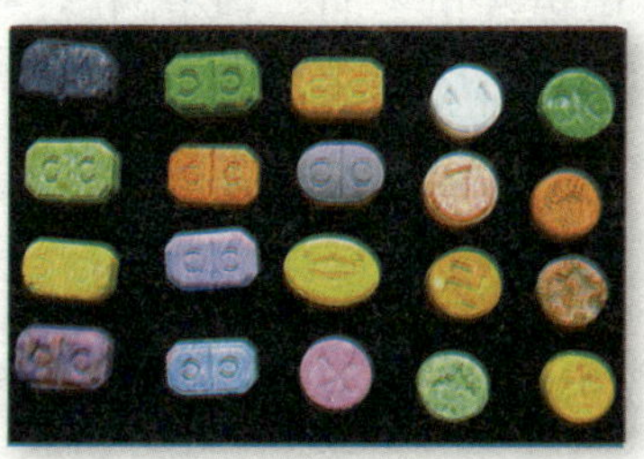

摇头丸是冰毒的衍生物，以 MDMA 等苯丙胺类兴奋剂为主要成分，具有兴奋和致幻双重作用，滥用后会出现长时间随音乐剧烈摆动头部的现象，故称摇头丸。摇头丸外观多呈片剂，五颜六色，服用后会产生中枢神经强烈兴奋，出现摇头和妄动，在幻觉作用下常常引发集体淫乱、自残与攻击行为，并可诱发精神分裂症及急性心脑疾病，精神依赖性强。

2. K 粉

K 粉即“氯胺酮”，静脉全麻药，有时也可用作兽用麻醉药。白色结晶粉末，无臭，易溶于水。通常在娱乐场所滥用，服用后遇快节奏音乐便会强烈扭动，会导致神经中毒反应、精神分裂症状，出现幻听、幻觉、幻视等，对记忆和思维能力造成严重的损害。此外，易让人产生性冲动，所以又称“迷奸粉”或“强奸粉”。

3. 咖啡因

咖啡因是化学合成或从茶叶、咖啡果中提炼出来的一种生物碱。大剂量长期使用会对人体造成损害，引起惊厥、心律失常，并可加重或诱发消化性肠道溃疡，甚至导致吸食者下一代智能低下、肢体畸形，同时具有成瘾性，停用会出现戒断症状。

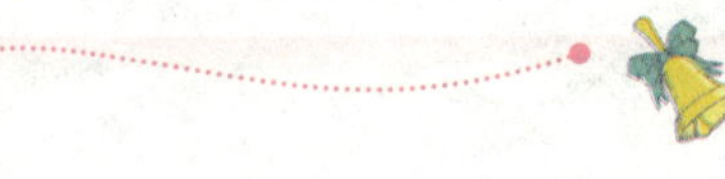

4. 三唑仑

三唑仑又名海乐神、酣乐欣，淡蓝色片，是一种强烈的麻醉药品，口服后可以迅速使人昏迷晕倒，故俗称迷药、蒙汗药、迷魂药。可以伴随酒精类共同服用，也可溶于水及各种饮料。见效迅速，药效比普通安定药强 45~100 倍。

此外，新型毒品还有安纳咖、氟硝安定、麦角乙二胺（LSD）、安眠酮、丁丙诺啡、地西泮及有机溶剂和鼻吸剂等。

No. 3 毒品的危害

毒品危害遍布全球，世界各国无一幸免。据统计，全世界有14亿人吸食大麻，1300万人吸食可卡因，860万人吸食海洛因，3000万人滥用苯丙胺类兴奋剂。全球每年有10万人因吸毒死亡，1000万人因吸毒丧失劳动能力。毒品的危害可以概括为“毁灭自己，祸及家庭，危害社会”，集中反映在政治、经济、文化、道德等社会领域。毒品问题牵扯到社会领域的方方面面，衍生出各种各样的社会问题。

一、毒品阻碍了政治经济的发展

1. 毒品对政治的影响

毒品问题关系民族的生存、国家的安危和社会的稳定。禁绝毒品是事关国家利益和民族命运的重大政治问题，有些涉及国际关系问题、民族宗教问题、种族人权问题和反恐问题等。例如，缅甸、越南、哥伦比亚等国家，毒品问题和国家政治前途息息相关。随着毒品走私和贸易的日益扩大，贩毒集团试图寻找国家政治上和法律上的保护，他们利用贩毒收益，贿赂政府官员和司法官员，腐蚀政府机构，助长腐败蔓延。有媒体报道，“毒品政治”已经开始影响菲律宾，国会议员和法官等均与贩毒集团有所勾结。面对坚强的禁毒势力，他们甚至组织大规模的暗杀活动。为了保障毒品贸易的安全，有些贩毒集团还组织了强大的武装，配备了先进的武器、通信设备和交通工具，割据一方，抗拒政府清缴。这种武装割据，严重破坏了国家的稳定，造成了局势动荡不安。毒品常常用来作为反政府政治活动的工具，毒品“滋养”战争，战争又保护和加速毒品的泛滥。政局的长期动荡不安，与毒品恐怖主义和反政府暴力活动互为因果。目前，全球范围内以毒养恐、以毒养政、以毒养经、以毒养军等问题日益突出，这使得毒品问题更加错综复杂。

2. 毒品对经济的影响

毒品贸易在当今世界“黑色经济”中占据着重要的分量，年交易额5000亿美元以上，相当于世界贸易总额的9%，超过了一向被人们视为“交易巨子”的石油天然气和化学制药行业，仅排在军火行业之后，一跃成为全球第二大交易项目。

吸毒不仅消耗巨额财富，给社会经济造成巨大的损失，而且使人的体质下降，丧失正常的工作能力，从而降低劳动生产率，严重阻碍了生产力的发展。此外，吸毒还加重了各国政府的财政负担。为了遏制毒品犯罪和治理吸毒问题，各国政府每年都要拨出大量经费，投放大量物力和人力，用于打击毒品犯罪，进行毒品预防教育和帮助吸毒者戒断毒瘾，吸毒者的个人和家庭为了戒毒也要花费很多钱，这些都是难以用经济数据来衡量的损失。

毒品还导致一些国家经济畸形发展。南美和亚洲的某些国家，其经济很大程度上依赖于毒品产业，大规模的毒品原植物种植和加工，使其正常的工业和农业萎缩，使民族经济走上了畸形发展的道路。例如，南美洲的哥伦比亚，有25万人从事毒品生产和贩卖，毒品贸易占出口总收入的25%~48%。

二、毒品扭曲了人类文明的前进轨迹

毒品对人类文明的影响有的是可见的，有的则是潜在的。伴随着毒品产生的毒品文化，直接左右人的精神追求和价值取向，而吸毒对社会道德风尚的败坏，往往容易被人们所忽视。

1. 毒品文化对主流文化造成冲击

多元化的经济格局产生多元化的利益群体，造成了多元化的文化现象，毒品文化是一种游离于主流文化之外的病态亚文化。伴随着社会的发展，毒品文化渐渐成了毒品问题的载体，以各种各样的文化形式记录着毒品问题的进程。例如，“消费享乐”“自我孤独”“反主流”“嬉皮士”“雅皮士”和“极端个人权利”等这些美国历史上的社会文化都曾在不同时期受到毒品蔓延与泛滥的直接影响。从毒品种类、毒品交易到吸毒方式、吸毒用具，无不渗透着毒品文化。例如，“双狮地球”“美人牌”“骷髅牌”“白龙珍珠”“三角”“鳄鱼”“RN”“土人”等毒品的产品系列化和品牌化，显示了贩毒势力对当今人类文明的凶恶挑战。

此外，传统文化中如果有使用毒品的内容，那么吸毒对于当地的人们是比较容易接受的。例如，在印度的祭祀或者庆祝的典礼上，人们会使用一些毒品来增加节日的气氛或者神秘的感觉。这种传统被世代继承流传，他们不认为使用某些毒品是一种伤害身体健康而应该坚决禁止的行为，相反只是当作娱乐休闲品来对待。同样，贫穷落后地区对鸦片药用价值的认识超过对其成瘾危害的认识，也容易造成吸毒、贩毒和种植毒品的问题。

新型毒品与娱乐文化的结合，更是现代社会多元文化的典型标志。以青少年为主的滥用者，追求快乐、动感、刺激的文化氛围，具备这些条件的娱乐场所也成为新型毒品的温床。

2. 涉毒行为降低了伦理道德的底线，形成消极的舆论氛围

从某种意义上讲，西方国家吸毒问题的泛滥是由20世纪60年代道德风尚的堕落引起的。从当时的吸毒者看来，吸毒完全是个人的自由，并不是什么丢人或违法或不道德的事，更不是什么不健康的习惯。正是因为有这种崇尚吸毒的道德风尚，许多人便想方设法获取和滥用毒品，以终日沉湎于毒品为乐，以大量滥用毒品为荣，还往往拉拢周围的人一起吸毒，千方百计地吸引新的入伍者。如果整个社会对吸毒问题的态度模棱两可，那么，更多的人则会认为吸毒并不违反社会道德风尚。例如，在美国，就有许多势力强大的集团支持贩毒、吸毒活动。

在吸毒者看来，吸毒既不是不良习惯，也没有违反道德行为规范，完全是个人自由选择的权利。为了获得毒品及毒资，他们可以对配偶不忠、对子女不养、对父母不孝、对社会不尽责任；他们丧失羞耻之心，精神空虚，成天沉湎毒品。因此吸毒不仅使人心理变态、人格扭曲、失去自尊、道德沦丧，而且严重污染社会环境，败坏社会风气，毁灭民族精神和社会公德，破坏精神文明建设。

近些年来，作为公众人物的演艺人员涉毒案件频频被曝光，嗑药、携毒等“黑色”事件在明星身上层出不穷，必然会影响到普通人，尤其是视明星为榜样的青少年。

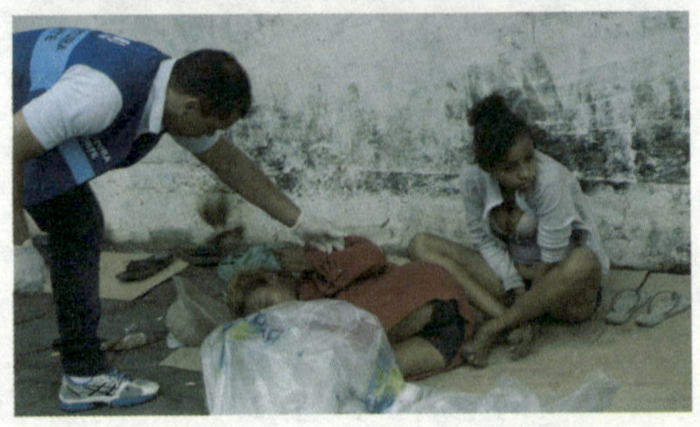

三、毒品影响了健康和谐的社会生活

毒品的使用和存在是与社会上绝大多数人的价值观念和行为准则相抵触的，毒品问题可以被看作是使用毒品的个人和贩毒者与大多数社会群体之间发生的社会冲突，这种冲突导致了社会秩序的失衡，出现了公共卫生、违法犯罪、教育等一系列社会问题。

1. 生理危害

我国登记在册的吸毒人员中，80% 的人患有各种传染病。吸毒会损害中枢神经系统，导致神经组织发生突发性下肢瘫痪、横断性脊髓炎、末梢神经炎等病理性改变；吸毒还会损害心血管系统，引发中毒性心肌炎、心律失常、心包炎、静脉和动脉并发症等；吸毒还会损害呼吸系统，除去通过呼吸途径吸食毒品导致的鼻中隔穿孔、呼吸抑制、肺水肿、肺炎、肺结核等疾病外，使用静脉注射毒品同样会引起肺炎等疾病。发生这种情况的原因是，毒品中通常掺有杂质，当毒品通过肺部毛细血管时，杂质就会沉淀在毛细血管中，从而产生有关疾病；吸毒还会损害消化系统，造成吸毒者食欲不振、营养不良、抵抗力下降等。此外，吸毒还会并发肝炎、肾功能衰竭、皮肤感染等疾病。

● 吸毒会对身体、生命造成危害

吸毒成瘾后，身体消瘦，思维迟钝，判断力削弱，记忆力减退，体质下降，丧失从事正常智力和体力劳动的能力。一旦吸食过量，可能直接致命。有资料表明，吸毒者的平均寿命较一般人短 10~15 年。据联合国禁毒署统计，全世界每年因吸毒而死亡的人数高达 10 万人。吸毒者的死亡原因多为吸毒过量、自杀、毒品犯罪、意外事件等。

过去人们见到身体瘦弱、面带病色的人，就说“这个人跟大烟鬼似的”。毒品在给人们带来短暂的精神上的快感之后，直接副作用是造成对身体健康的巨大损害。长期吸毒或长期滥用毒品，对神经系统、心血管系统、呼吸系统、消化系统、胎儿发育成长等方面都会造成致命的伤害。

吸毒会对呼吸系统造成危害

吸毒可通过三种主要途径对呼吸系统造成严重破坏：经呼吸道滥用毒品对呼吸道有直接刺激；通过不同途径进入体内的毒品对呼吸道的特异性毒性作用；由吸毒引起的营养不良和感染也可能波及呼吸系统，经呼吸道吸毒可对呼吸系统产生直接影响。

以吸烟方式滥用可卡因对肺脏的影响非常严重。由于可卡因具有局部麻醉作用，吸毒者可能造成肺部疾病如肺炎、肺出血。长期抽吸可卡因会使肺脏疤痕累累、功能减退。反复抽吸毒品还会引起慢性咽炎、鼻炎和鼻窦炎，还会使毒品沉积在肺中，对肺脏造成进一步破坏，有些毒品可造成特异性呼吸系统损害。

海洛因过量或中毒时可发生海洛因性肺水肿。此病起病较急，一般于海洛因过量后立即出现，如抢救不及时往往引起死亡。患者被送入医院后，常表现为昏迷、呼吸抑制、瞳孔缩小、口唇紫绀，肺部听诊可闻及水泡音、哮鸣音。胸片显示双肺有大小不等的浸润阴影，主要沿肺泡分布，有的则融合成片，偶尔可见胸腔内有渗出表现。

可卡因可引起吸食者剧烈胸痛和呼吸困难，其原因可能是降低肺脏一氧化碳的扩散能力。胸痛也是可卡因滥用者求治的原因之一。此外，可卡因吸入还可引起肺炎、肺水肿、咳嗽、咳痰、发热、咳血、哮喘、肺间隔积气、气胸、气心包和肺泡出血，可卡因还可通过抑制脑干延髓引起病人突然呼吸抑制而死亡。

吸毒会对消化系统造成危害

绝大多数毒品均有抑制食欲的作用，部分吸毒成瘾者就是误认为毒品可以用来减肥而开始吸毒的，毒品的抑制食欲作用不仅可引起身体消瘦，还可引起某些人体必需的维生素和矿物质缺乏，从而引起一系列营养不良综合征。维生素 B 族缺乏会损伤中枢神经系统引起记忆力、注意力、学习能力显著下降，甚至引起意识障碍。维生素 B 族缺乏还会引起末梢神经炎和各种皮炎。铁元素缺乏可引起缺铁性贫血，故而吸毒者中缺铁性贫血非常常见。

吸毒成瘾常引起胃肠蠕动减慢进而引起便秘。这种便秘非常顽固，成为令吸毒者长期苦恼的痼疾。有时吸毒者每隔一周或十余天才大便一次，排便时出血非常常见。胃肠蠕动减慢还可引起肠梗阻。某些人为了将毒品偷偷带进医院、教堂等治疗地，利用身体藏匿毒品，吞服装有毒品的避孕套，也会引起肠梗阻。此外，吸毒者的这种行为也常引起意外中毒死亡。

可卡因对全身血管均有强烈收缩作用，对肠道血管的持续高度收缩可引起肠缺血和坏死，治疗需手术切除。

肝炎在吸毒者中广泛流行，甚至国外有人提出："只要是确定的吸毒者，就一定有肝炎。"有研究证实，对 69 名吸毒者在封闭条件下进行半年的观察，发现有 52 人至少有一项或更多的肝功能化验结果异常。一般认为，乙型肝炎是由于共用被污染的注射器所传染。海洛因易引起慢性肝功能损害，可能与海洛因对肝脏的直接毒性作用有关。

吸毒会对心血管系统造成危害

很多毒品可以对心血管系统产生直接毒性。静脉扎毒引起的感染也可对循环系统发生不良影响，吸毒经常会引起各种心律失常和缺血性改变。其表现与不同毒品的药理作用有关。

海洛因成瘾者在吸毒后 24 小时内，55% 有异常心电图表现。常见的有：传寻阻滞、去极化及复极化异常、心动过缓、心律不齐。

可卡因引起心律失常更为常见。注射可卡因短期内即出现心动过速，此外，还可出现心动过缓、室性期前收缩、室性心动过速和室颤及心肌收缩不全，临床资料提示有些可卡因中毒病人左心室明显扩大。左室肥厚与心律异常、高血压、猝死和脑血管意外有关。可卡因还可引起血管痉挛，冠状动脉痉挛可引起心肌梗死。此外，可卡因还可引起冠状动脉粥样硬化，可能是由于可卡因促使血小板聚集，引起小血管内血栓形成，进而引起栓塞。

细菌性心内膜炎是注射使用海洛因者最常见的全身化脓性并发症之一，如不及时治疗，可引起死亡。金黄色葡萄球菌是最常见的致病菌。链球菌、假单孢杆菌及一些少见的微生物也可引起此病。右侧心内膜炎多由葡萄球菌引起，临床表现为急性心内膜炎综合征，三尖瓣经常受累，但收缩期返流性杂音常难以听到。

吸毒会对免疫系统造成危害

吸毒者大多不注意个人卫生，身体的营养状况等条件也很差，一旦有细菌或病毒侵入机体，很容易形成感染，继而造成全身范围的广泛扩散，最终导致吸毒者的死亡。

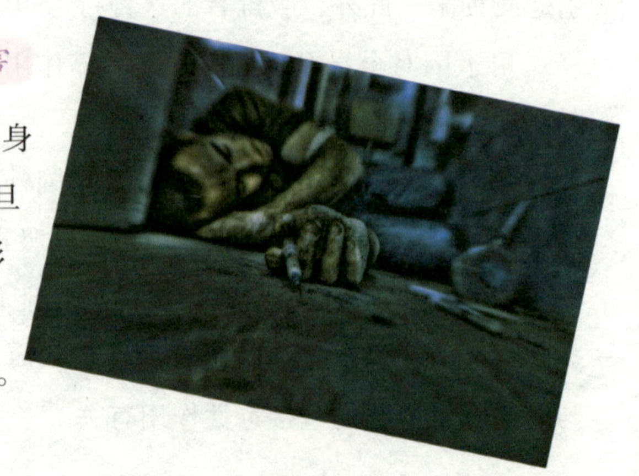

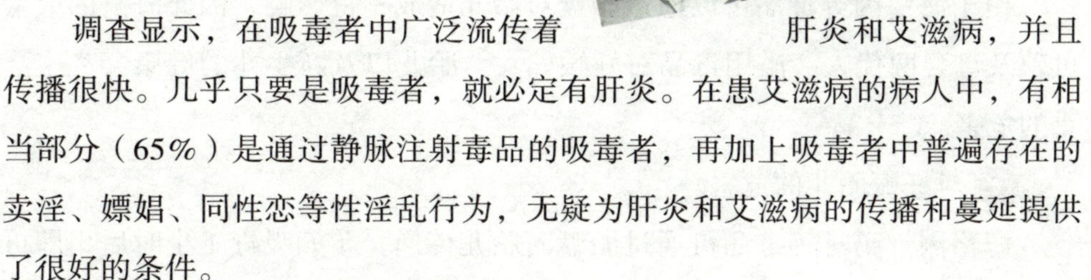

尤其严重的是采用静脉注射方式吸毒的人，经常使用或与其他人共用不洁的注射器，很容易将外界的病原，尤其是肝炎病毒甚至AIDS病毒HIV带入体内，轻者造成注射部位的感染，重者引发肝炎和艾滋病。

调查显示，在吸毒者中广泛流传着肝炎和艾滋病，并且传播很快。几乎只要是吸毒者，就必定有肝炎。在患艾滋病的病人中，有相当部分（65%）是通过静脉注射毒品的吸毒者，再加上吸毒者中普遍存在的卖淫、嫖娼、同性恋等性淫乱行为，无疑为肝炎和艾滋病的传播和蔓延提供了很好的条件。

● 吸毒会对神经系统造成危害

吸食伴有掺杂物的海洛因后，会引起一系列的神经系统病变，如惊厥、震颤麻痹、周围神经炎、弱视、远离注射部位的肌功能障碍。长期吸毒会引起智力减退和个性改变，尸检的结果也表明，神经系统的病理变化包括：多发星状细胞病变，广泛脑肿胀和变性，苍白球的退行性变化，脊髓灰质的坏死，肌组织的病理改变，周围神经的慢性炎性改变及退行性改变。临床检查如发现有神经系统体征，应考虑是否有其他合并症引起的脑部病变。如急性节段性脊髓炎，化脓性脑膜炎，败血症引起的脑脓肿，细菌性心内膜炎引起的脑栓塞。海洛因过量引起的呼吸抑制进一步造成脑缺氧。另外，静脉注射伴有掺杂物的毒品，也可直接引起脑栓塞。有学者认为60%的脑水肿病人是由于吸毒过量引起的，脑水肿的形成可能是因为肺水肿引起的颅内高压。

可卡因是一种致惊厥剂，单剂量即可诱发癫痫发作，重复使用可引起癫痫慢性化，可卡因的致癫痫作用被称为“促燃作用”，停用可卡因后这种促燃作用仍可存在，这可能是诱发复吸的潜在原因之一。可卡因还可能使原有癫痫表现出来，在临床工作中应注意排除原发性癫痫病可能性。

此外，可卡因滥用还可引起颅内出血、抽搐、持续性或机械性重复动作、共济失调和步态异常。以上异常现象会在停药后逐渐消失。

● 吸毒会对胎儿造成危害

由于海洛因等毒品可以通过胎盘对胎儿造成不良影响，因此海洛因成瘾可殃及母婴两代人。滥用毒品对妊娠妇女、胎儿以及新生儿的健康会产生严重的危害。

❶ 对妊娠胎儿的危害。

海洛因、吗啡等毒品可通过胎盘向胎儿传递，孕妇吸毒 1 小时后，即可在胎儿体内测出有海洛因存在。进入胎儿体内的海洛因由于脂溶性的特点，大部分会进入神经系统，贮存在脑组织中。吸毒成瘾的孕妇怀孕 4~6 个月时即可发现胎儿发育迟缓，并且在孕期容易早产。

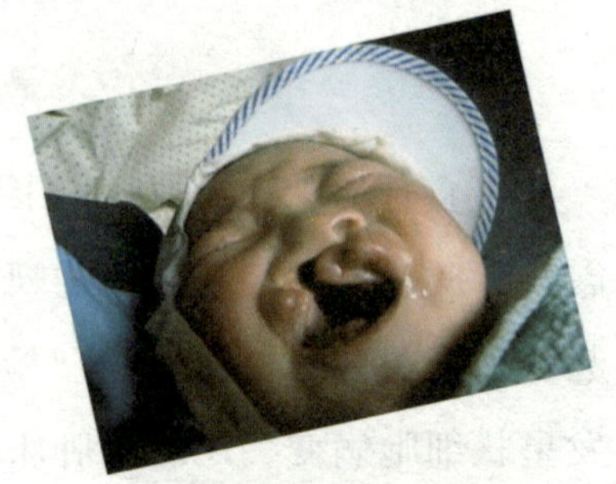

❷ 对新生儿的危害。

娩出的新生儿除可发生畸形儿、怪胎以外，50% 是低体重儿（出生时体重少于 2500 克），这些胎儿在围产期有着较高的死亡率和患病率；80%的新生儿可出现新生儿窒息、呼吸反射低、颅内出血、低血糖症、低血钙症等合并症；60%~90% 的新生儿可有戒断症状，包括尖叫、易激惹、震颤、不安、多动、肌张力增高、呼吸急促、呼吸困

难、厌食、体重下降、间断紫绀与呼吸暂停、惊厥发作、发热、多汗、腹泻、呕吐、哈欠、喷嚏等，这些症状一般出现在出生后48小时以内，也有10%的新生儿戒断反应不明显，要到出生后2~4周才表现出来，这可能是毒品在胎儿体内有贮积或毒品排泄较慢所致。被动成瘾的新生儿死亡率很高，若不经治疗，93%的新生儿将发展到惊厥发作，其死亡率可高达3.5%。

3 对乳儿的影响。

海洛因成瘾的妇女，其乳汁中有海洛因排出，毒素会随乳汁危害乳儿。所以，吸毒成瘾的女性在脱毒康复前不宜怀孕，如果发现怀孕则应人工流产或引产以终止妊娠。

● 吸毒会影响寿命

有关资料表明：吸毒者的平均寿命较一般人群短10~15年。25%吸毒成瘾者会在开始吸毒后10~20年后死亡。也就是说约1/4的吸毒者会在30~40岁死于与吸毒相关的问题，吸毒人群的死亡率较一般人群高15倍。

吸毒使人的寿命减短，减短的时间因个人体质而异，基本上是减短35%~62%，也就是说如果一个能活100岁的人，那么他吸毒后就只能够活到38~65岁，当然戒毒后进行好的调养，寿命要以各人的体质、恢复的情况来定。毒品滥用者为了避免戒断反应的产生，往往会不断加大用药剂量和用药频率，从而导致身体慢性中毒，产生各种不适症状，如体力衰弱、智力减退，甚至神经错乱、中毒死亡。毒品对于人的神经、大脑、呼吸、消化、心血管和肌肉等重要脏器或组织能够产生功能性或器质性的破坏。

吸毒会加速艾滋病传播

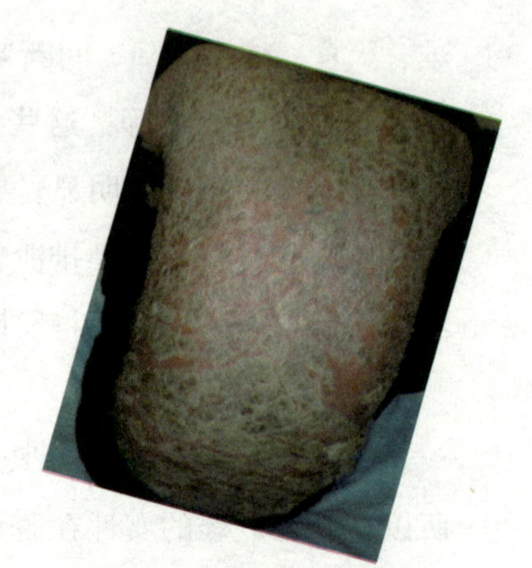

以静脉注射方式滥用毒品后感染上被称为“头号癌症”“世纪之症”的艾滋病，又是一大严重问题，这是毒品对社会的一种新的危害。

根据世界卫生组织的最新报告，目前，全球超过1800万艾滋病毒感染者在接受抗病毒药物治疗，但超过1400万艾滋病毒感染者不知自己患病。报告显示，得益于艾滋病毒检测利用程度的上升，2005年至2015年间全球艾滋病毒感染者知晓自身状况的比例从12%上升到60%。撒哈拉以南非洲是影响最重地区，几乎占到全球艾滋病毒新发感染总数的三分之二。

吸毒本身并不会传播艾滋病病毒，而是因为吸毒者使用了不洁的注射器。对吸毒成瘾的人来说，要想用较少的毒品来获得最大的满足和快感，静脉注射是最佳选择。静脉注射吸毒时，往往是很多瘾君子凑在一起合用一支注射器。他们一般是在偏僻的角落里或较为隐蔽的场所吸毒，没有消毒的条件，即使有条件消毒，在注射器轮流使用过程中，有时候也等不及。有相当一部分吸毒者没有钱购买一次性针具，只好借用。也有的为了省钱、图方便而不买注射器。有的贪便宜，从“街头贩卖者”们手中购买的注射器是经回收再包装后重新出售的。还有很多人不知道共用注射器可以传播艾滋病病毒、乙肝病毒。此外，在一些特殊群体之间，例如在一些少数民族地区，共用注射器是一种关系亲密的象征，是不怀疑对方身体健康的标志。

更恐怖的是，在注射时，为了最大限度地利用残留在注射器内的毒品，吸毒者喜欢把自己的血液回吸到针筒里，把残留毒品冲洗下来后再推入静脉。在这么一出一进的情况下，吸毒群体中只要有一人是艾滋病患者或艾滋病病毒携带者，他便会污染注射器与针头，待下一位注射时，病毒会随着毒品一起进入体内。一支被污染的针管与针头，大家传来传去地使用，不需多久时间，所有的人都有可能惨遭厄运。

我国此情况也很严峻。在云南省与缅甸接壤的滇西某地区某乡，艾滋病的研究者们对72例静脉吸毒者进行有关艾滋病病情检测，在所获得的69份血液样品当中竟发现有51例的检查结果为阳性，占所调查对象的79.7%。1985年至1990年9月，研究者们在中国大陆重点调查人群中进行30万人的艾滋病监测，结果发现HIV阳性者共446例，其中有376例为大陆公民，而376人中竟有318例为吸毒者，占所查出大陆HIV阳性者的85%。到1992年6月30日止，全国对103万人进行血液监测，共查出感染者890例，其中吸毒者为657例，占检出人数的73.8%。国外和国内的调查结果分析，均显示两者间的密切关系。可以说艾滋病与吸毒简直就是一对罪恶的孪生子。

2. 心理危害

毒品的心理危害除了表现为吸毒者不断产生强烈的觅药渴求外，还可能由于对毒品的心理依赖而改变吸毒者的生活方式、情感性格、心理素质和意志行为等，从而导致一系列非正常行为乃至危害行为的发生。

正所谓“一日吸毒，十年想毒”。吸毒成瘾者在心理和生理上对毒品都存在着强烈的依赖性，他们满脑子充塞的都是如何获得更多、更好、更便宜的毒品，至于理想、事业、责任等都被他们抛之脑后。吸毒严重摧残人的精神状态，主要表现为智力衰退和人格扭曲。毒品能直接改变人类大脑中部分化学物质的结构，使人神经错乱、缺乏主动性、创造力减弱、依赖性增强、性格孤僻等。吸毒使人普遍丧失正常的人生观和价值观，进而出现人格扭曲。

3. 社会危害

家庭是社会的基本细胞，是人类美满生活和社会结构中的重要稳定因子。近年来，由于毒品恶潮的侵害和蔓延，无数美满家庭家破人亡，妻离子散，家业败落。家庭的稳定对国家和社会的稳定至关重要。毒品犯罪导致了众多家庭出现危机，也就不可避免地影响国家和社会的安定。吸毒导致的倾家荡产、妻离子散、家破人亡等问题已屡见不鲜。

家庭不稳定，必然给社会带来种种负担，从而影响到国家安定团结的政治局面。吸毒如果仅仅是对吸食者造成肉体上和精神上的伤害，使他们陷于解脱不了的痛苦之中，那么问题还不至于十分严重。然而不幸的是，吸毒诱发其他犯罪，从而在更大范围和程度上危害社会和国家。

吸毒行为诱发吸毒者为获得毒资进行犯罪

吸毒者需要源源不断的资金购买毒品，满足毒瘾。当他们没有钱或没有足够的钱买到毒品以解他们正在发作的毒瘾时，便会不择手段获得钱财，其中以偷盗、抢劫、卖淫最为突出。据统计，兰州市的刑事案件中，有53.1%是吸毒者所为。云南省陇川县有个共瓦村，该村吸毒人占17%，吸毒偷盗成灾，全村仅49户，其中被偷的就有47户。云南瑞丽县一名傣族青年，为了搞到购买海洛因的钱与其弟拦路抢劫，杀死过路的一个教师，抢走了这个教师身上仅有的10元人民币和自行车，真是丧尽天良。吸毒人员以贩养吸、以盗养吸、以抢养吸、以骗养吸、以娼养吸现象严重，毒品犯罪以及由此引发的杀人、抢劫、盗窃、诈骗、贪污、洗钱等犯罪，严重妨害了我国的治安形势，给社会发展造成了极大的经济损失。

吸毒给社会造成的人员损失及财政损失

其一是人员损失，包括两种情况：一种是因吸毒导致死亡，使社会丧失一部分劳动力；另一种是损害吸毒者的身心健康，使他们失去了为社会创造财富的能力，成为社会的负担。一些妇女在怀孕期内吸毒，新生的婴儿有先天性生理缺陷和智力缺陷，这在一定程度上也给社会带来了损失，社会需要给这些受害的孩子额外增加医疗费用和福利费用。人员损失中最为严重的是吸毒的青少年，他们在身体上、精神上都受到创伤，不能健康成长为对社会有用的人，社会和国家在这方面蒙受的损失也是难以估量的。二是财政损失，国家为缉毒、戒毒，每年要支付大量费用。仅云南一省近年来就拨出数百万人民币作为戒毒经费，用于举办各种戒烟所、戒烟班。同时，国家每年还要拨出大笔经费用于建立缉毒队伍，培训缉毒人员，购买缉毒设备，对毒品进行鉴定和用于办案经费等。但仍不能满足缉毒和戒毒的实际需要。可见，毒品犯罪的上升，增加了国家财政开支，给国家的财政带来巨大的损失。

● 贩毒的巨额利润，刺激更多的人从事犯罪

有些人铤而走险，以抢劫、盗窃、诈骗、贪污、敲诈勒索等手段攫取钱财，购买毒品进行贩毒；还有些人直接抢劫、盗窃毒品进行走私、贩卖。还有一些国家机关工作人员尤其是司法工作人员被拉拢而进行共同犯罪。目前，司法工作人员以缉查为名，抢劫毒品或毒资的案件也时有发生。

总而言之，毒品已经成为全人类的公害，它直接危害着社会的和谐与发展，破坏了正常的生活和工作秩序，严重阻碍了经济的发展。当然，毒品的潜在危害性也不容忽视。吸毒恶化人口素质，影响民族的生存与发展，尤其是给青少年的身心健康造成了极大的损害。毒品的危害可以概括为“毁灭自己，祸及家庭，危害社会”，牵扯到社会各方面，衍生出各种各样的问题。吸毒往往都会引起犯罪，吸毒人员在耗尽个人与家庭的财富后，大都走上了犯罪的道路。目前，我国因吸毒而引发的各种刑事案件在全国刑事案件中所占比例越来越大，尤其是恶性案件呈上升趋势。据调查，男性吸毒人员中80% 的人都有盗窃、抢劫等犯罪问题，女性吸毒人员中 70% 的人员都有卖淫问题。此外，我国还出现了大批以贩毒为业的人员以及带有黑社会性质的贩毒团伙，这些问题的存在对我国的治安形势构成了严重的威胁。

吸毒成瘾问题

一、吸毒成瘾的特征

根据全国人大常委会《关于禁毒的决定》第8条的规定，吸毒行为分为一般吸毒行为和成瘾的吸毒行为两种。吸毒成瘾又称为药物成瘾，即药物依赖性，是指在反复使用具有成瘾性药物的过程中，机体与毒品相互作用所形成的一种特殊的精神和躯体病态状况。一般情况下，吸毒成瘾具有三个主要特征。

1. 药物耐受性。药物耐受性指不断地使用同一种药物以后其效果会出现退化现象，需要加大剂量才能获得与以前相同或相似的效果。

2. 身体上的依赖性。身体上的依赖性指在某一段时间内不断服用某种药物带来的生理上的变化，需要继续服用这种药物来维持身体上的需求。

3. 心理上的依赖。心理上的依赖性指某人精神上需要某毒品，一般说就是习惯。

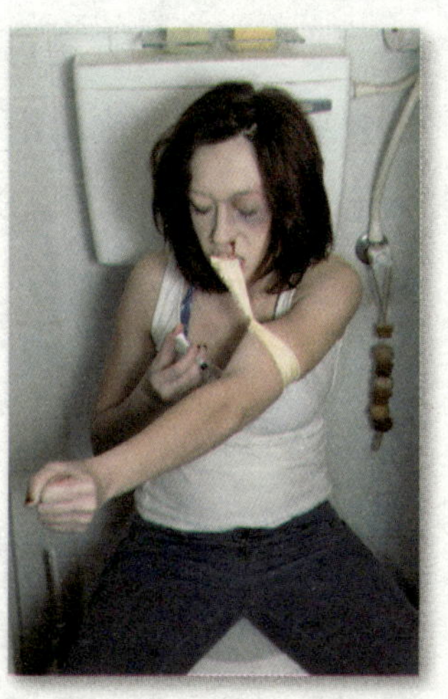

从实际情况来看，凡是吸毒成瘾者，其症状普遍表现为身体虚弱，面色蜡黄，精神颓废，萎靡不振，一旦毒瘾发作，有的涕泗横流，捶胸顿足；有的站立不起，咳血不止；有的乱碰乱撞，啃墙吃土；有的满地打滚，哭天喊地。种种丑态，不一而足。

二、吸毒成瘾的机理

◎ 吸毒成瘾的过程

1. 耐药作用的形成

耐药性是机体对毒品反应的一种适应性状态和结果。当反复使用某种毒品时，机体对该毒品的反应性减弱，药效降低，为了达到与原来相同或相似的反应和效果，就要逐步增加剂量，这种现象就是毒品的耐药性。

耐药作用是服用很多毒品后出现的一种现象，即不断服用相同剂量的毒品而产生的作用越来越小。人的身体以一种发展的方式去补偿由于吸入毒品而引起的化学不平衡。当一个人需要的毒品带来的刺激作用越来越小时，就可能通过增加毒品的剂量来战胜身体产生的耐受性。但一个人身上的耐药作用增高到一定的水平时，这些毒品就会引起很危险的结果。

毒品的耐药性是可逆的，停止使用毒品后耐药性逐渐消失，机体对毒品的反应恢复到原来的水平。所以，一些阿片类毒品成瘾者戒毒后复吸时，即使服用低于平时所用的剂量，也会发生因过量而中毒的事件。

2. 身体的依赖性

身体依赖是毒品成瘾的病理生理学特征。身体依赖通过停止服药综合征的出现来定义。假设一个人已经开始吸毒，并有了耐药性，这个人又增加了吸毒量，不断继续服用较大的剂量，致使身体每天或每星期不断接受着毒品

的进入。在使用了一些毒品后，这个人若突然停止吸毒，身体中就开始出现由此而引起的一组综合症状，例如，若对海洛因上瘾，一旦停止使用，这个人就会流鼻涕，还可能会感冒、发烧、腹泻，甚至出现其他更为严重的症状。当一种毒品在不同的人身上出现一系列连续的症状，这些症状的集合就是停止服药综合征。各种毒品引起的停止服药综合征是不同的，停止服药综合征的出现反映了身体对毒品的依赖。

3. 强化的形成

“强化”即我们通常所说的心理依赖，是吸毒成瘾的病理心理学特征，是指由于使用毒品产生特殊的心理效应，在精神上驱使其表现为一种定期连续用毒的渴求和强迫行为，以获得心理上的满足感，避免精神上的不适。

◎ 不同种类毒品的成瘾机理

毒品，一旦接触，就很容易成瘾，难以戒掉，那么，为什么吸毒后会上瘾呢？ 根据专业人员的研究与分析，吸毒成瘾是有科学原因的。从毒品的成瘾过程来看，人体细胞的兴奋活动是通过一种特殊的化学物质——神经递质的释放来实现的。正常情况下，神经细胞中神经递质的释放是有序的，但是苯丙胺类兴奋剂等合成毒品会促进神经递质耗捷性的释放，由此产生持续的、病理性的兴奋状态，导致神经细胞大量被破坏，引起神经功能系统的紊乱。经过数次毒品作用后，神经细胞释放的快乐型神经递质不断减少，吸食者虽然理智上知道不该吸食毒品，但需要毒品的刺激来维持正常或异常的欣快感。

由于毒品的成瘾性主要取决于其“精神依赖性”，合成毒品又是直接作用于人的中枢神经系统，会表现出比海洛因更强烈的精神依赖，因此合成毒品更容易成瘾。毒品种类不同，相应的成瘾机理也不同。下面，我们将从科学角度分类讨论不同毒品种类的成瘾机理。

1. 阿片类

阿片类毒品是指由天然鸦片类原植物——罂粟中提取的生物碱和人工合成的可使机体产生类似吗啡效应的药物，包括鸦片、吗啡、海洛因、杜冷丁、美沙酮等。医学上常用阿片类生物碱及其衍生物减轻疼痛，治疗腹泻和镇咳。其中，海洛因和吗啡的镇痛作用最强。吸食阿片类毒品既可以引起精神依赖，又可以引起身体依赖。

根据目前的医学研究成果，内啡肽已被证明是对大脑神经系统影响最大的物质，即内源性吗啡肽，它是一种类似吗啡的神经递质，在人脑中自然产生。人类自身产生的内源性吗啡肽的功能一旦被破坏，身体将会全面失衡。吸食鸦片类毒品以后，外源性吗啡肽不断侵入人体，将会造成内源性吗啡肽自然产生的功能进入休眠状态，全身将出现各种剧烈的反应，即吸毒者出现的急剧戒断症状，俗称“发毒瘾”。吸毒者为了解除毒瘾带来的痛苦，就会不由自主、不顾一切地寻找毒品或替代品来满足其生理需求，一般称为“强迫性觅毒”行为。随着这种恶性反复，吸毒者因对毒品产生了更大的耐受性，只有不断增加吸毒的数量和剂量才能缓解毒瘾，吸毒者往往也容易由吸食发展为注射，长此以往，对大脑等重要脏器产生严重损害，并随时可能发生因吸毒过量而导致突然死亡的惨状。

2. 苯丙胺类

苯丙胺类毒品是一种典型的中枢神经系统兴奋剂，常见的毒品种类包括苯丙胺、甲基苯丙胺、MDMA（3、4号亚甲基二氧甲基苯丙胺）、MDA（3、4号亚甲基二氧及苯丙胺）等。临床上主要用于治疗肥胖症、昏睡症、低血压等。滥用者主要用其振奋精神、加强警惕、抵制疲劳、提高运动成绩等。

反复应用该类毒品能引起精神依赖。苯丙胺类毒品与肾上腺素能神经末梢释放的儿茶酚胺类神经递质去甲肾上腺（NE）在化学结构上很相似，作为伪递质也能被该类神经纤维末梢再摄取入囊泡内储存，并且由于它的占领，使去甲肾上腺能神经末梢释放的NE无法再摄取入囊泡，只能停留在中枢和外周神经末梢的突出间隙；在神经末梢中新合成的NE也无法储存于囊泡，只好持续释放入突触间隙，从而导致突触间隙的NE不断积累，持续发挥其对节后神经元的兴奋作用，使神经冲动连续不断地传导，产生强烈的中枢兴奋作用。由于NE能增强多巴胺（DA）能神经元的功能，导致DA也在与情感、行为等相关的特定脑区内积聚，使环腺苷酸分泌持续增加，在产生兴奋和幻觉的同时，因环腺苷酸对DA神经通路的损害作用，也可以引起偏执狂型精神分裂症状。由于环腺苷酸的分泌有平衡现象，所以反复使用时需要增加剂量才能取得和以前相同的功效，此时表明人体已经对该类毒品产生耐受性。当减少或停止使用该类毒品时，滥用者会出现疲劳、抑郁、失眠等戒断症状，严重者甚至产生自杀或杀人的念头。此时表明吸毒者已经成瘾，并对该类毒品产生了依赖性。

3. 大麻类

目前，世界范围内常见的大麻类毒品主要有大麻植物、大麻树脂和大麻油。大麻类毒品中所含的有效化学成分主要是四氢大麻酚（THC）、大麻二酚（CBD）和大麻酚（CBN），滥用者会产生较强的心理依赖性，而身体依赖性和耐药性不明显。大麻在临床上曾经用作镇痛、镇静和欣快剂，具有致幻作用，可以使吸食者产生梦幻般的陶醉感。

在人脑的腹侧被盖区、伏隔核、尾核、海马和小脑的神经细胞的胞膜中存在大麻衍生物和四氢大麻酚（THC）的特殊结合部位，成为THC受体。THC受体的神经元、中间神经元和多巴胺（DA）能神经元参与了THC的应答系统。当THC和THC受体结合后，使THC受体激活，发出一个信号给DA能神经元，使其释放DA增多，DA结合到DA受体上，通过G蛋白和酶的作用，产生一系列生物效应，从而导致神经细胞内环腺苷酸含量增加。随着反复吸食毒品，使THC对THC受体不断激活，应答系统产生的环腺苷酸的反应达到了平衡状态，即再刺激也不会产生更多的环腺苷酸，结果使后续进入人体的THC的效能降低，需要增加大麻剂量才能维持原来的快感或出现的幻觉，形成了耐受性。

4. 可卡因类

可卡因类毒品主要包括古柯叶、古柯膏、可卡因制剂、克拉克等以及化学合成古柯类毒品。可卡因类毒品具有较强的中枢兴奋作用，临床主要应用是局麻药和改变心境的药物，可以辅助精神空虚、抑郁、悲观厌世的患者改变心境，达到暂时的精神满足和解脱。

吸食可卡因类毒品能形成较强的精神依赖性。该类毒品能抑制脑内多巴胺的再摄取，使得该类神经递质在脑内的含量迅速提高，进而使环腺苷酸含量增加，出现欣快感，从而解除疲劳感和饥饿感。该类毒品也能抑制人脑的精神细胞有效地利用葡萄糖，使许多脑区的新陈代谢能力大大降低，导致脑内的许多功能丧失。由于该类毒品分子中带正电荷的氨基能与细胞膜上 Na+ 通道闸门边上的磷脂分子中带负电荷的磷酸基形成横桥，阻断了 Na+ 通道，因此阻断了神经冲动的传导，产生膜稳定作用和麻醉作用。反复使用可以改变吸食者的心境和精神状态。当反复使用该类毒品，使多巴胺分泌到一定程度时，环腺苷酸分泌达到了平衡状态，即再应用原来剂量的该类毒品已经不能达到预期的欣快感，从而迫使吸毒者不断提高剂量才能达到原来的效果，从而产生了耐受性。

三、复吸问题

戒毒者经过脱瘾治疗后重新开始吸毒称之为复吸。复吸不仅严重损害吸毒者的身心健康，给家庭造成危害，形成强烈的消极示范作用和辐射效应，使得吸毒成瘾者的数量增加，还会造成社会财富的巨大损失，造成戒毒成本加重，消耗国家资源。复吸是主客观方面消极因素共同造成的一种社会综合征，复吸行为的产生既包括吸毒者个体的主观原因，也有客观现实的影响因素。

◎ 复吸的个体原因

1. 脱瘾治疗不彻底

完整的戒毒过程包括生理脱毒、心理治疗和康复、社会回归。由于戒毒机构管理制度不科学、戒毒治疗方法不正规、社会帮教体系不完善，导致吸毒者经过短暂的急性脱瘾治疗便重新回到原有的生活环境中。加之，社会康复治疗和家庭戒毒存在各方面的问题，疗效不佳的戒毒人员自然容易复吸。

2. 错误认知的消极影响

实践证明，复吸与吸毒前的错误认知总是存在着密切联系。在一些错误认知的影响下，许多复吸者存在着关于吸毒行为的扭曲理解，对毒品的严重危害性缺乏足够深入的认识。例如，“最后再饱吸一次，以后再也不吸了”“戒毒这段时间太痛苦了，出院后最后满足一次”“试一试戒毒药物的效果”等等。

3. 对毒品的渴求心理

经过一段时间的戒毒治疗，吸毒者摆脱了对毒品的生理依赖，但心理依赖一时之间很难消除。毒品通过两种方式引起吸毒者的心理依赖：一是正性强化作用，即吸毒者用药后，毒品进入人的中枢神经系统，便在心理上产生一种强烈的愉快、满足和欣快感以及松弛宁静的感觉，使吸毒者对毒品产生追求和向往。二是负性强化作用，在停止用药后，吸毒者会出现难以忍受的

戒断综合征，迫使药物成瘾者继续追求药物，重复吸食毒品。在这种渴求心理的影响下，吸毒者整天沉溺于对毒品的渴求之中，身心困扰，加上不利因素的影响，或者毅力不坚强，一旦无法抵御毒品的诱惑，便会再次成为瘾君子。

4. 自卑和自毁心理

脱离生理依赖的戒毒者虽然初步解除了毒瘾，但其人格扭曲尚未完全恢复，缺乏应对和处理现实生活遇到困难的能力，对未来的生活缺乏信心。当收到来自社会或家庭的不理解和不接纳时，存在较重的自卑感和自暴自弃心理，还有一些人具有偏执型或分裂型人格特征。在回归社会的相当长一段时间内，自卑感、焦虑、抑郁和自控能力差等问题依然存在，无法回避婚恋问题、就业问题和社会歧视问题，这些刺激加剧了其变态心理和人格障碍，促使其自暴自弃、自甘堕落，最终依赖毒品来减轻痛苦，在虚幻中获得自尊。

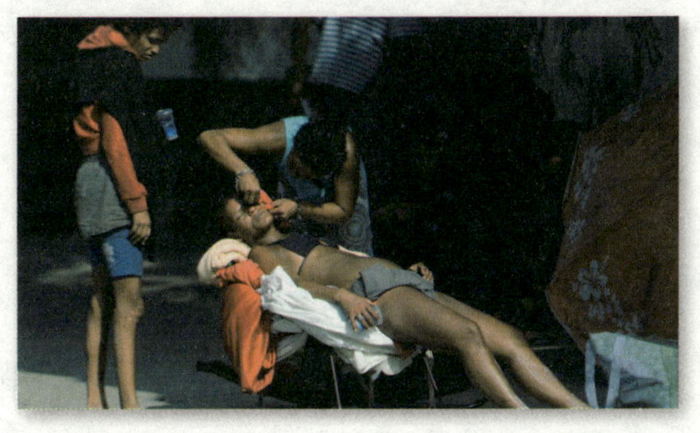

◎ 复吸的环境原因

毒品可获得性的增强、社会对戒毒者的歧视、社区不良环境的影响、家庭和吸毒群体的同伴压力等环境原因，对复吸的发展蔓延起着非常重要的作用。

1. 吸毒群体的同伴压力

吸毒是一种习得行为，同伙的交互作用或者不良交往是个体再次吸毒的一个重要因素。戒毒者回归到原先的生活环境中，不可避免地需要面对鱼龙混杂的交际圈，其中不乏曾经有过千丝万缕联系的毒贩子。受到这些人的诱惑或压力，戒毒者极容易复吸，甚至以诱惑他人吸毒为自己的生财之路，影响和破坏更多戒毒者的康复之路，诱使他们坠入复吸的深渊。

“药物亚文化”在毒品流行中起着直接作用，它不但提供最初和复吸的毒品来源，而且还传播吸毒方法，交流吸毒体验。吸毒者戒毒后返回到原来的环境中，曾经使用的吸毒工具、吸毒场所都会成为暗示物，使其触景生情，刺激吸毒者再次想到毒品，想到吸毒时的欣快感，诱惑他们再次吸毒。此外，部分吸毒者把吸毒当作是身份和地位的象征，将毒品作为交友的有力手段，视复吸为身份回归的重要一环。

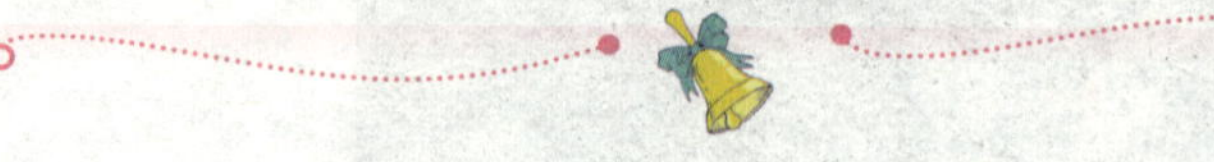

2. 环境变化的不适应

封闭的戒毒环境和单纯的戒毒成员促成了吸毒者戒毒过程的顺利进行。

然而，面对脱瘾治疗后的现实环境，吸毒者会不断遭遇挫折、打击以及各种精神刺激，如家庭冷遇、社会歧视、工作问题、经济问题等。心理调剂机制尚不健全的戒毒人员因稳定性差更易引发情绪不稳、心烦、悲观、灰心丧气、缺乏自信等，加重复吸的可能性。

3. 客观环境的影响

目前，世界毒潮的泛滥和国内禁毒形势严峻，毒品违法犯罪案件和吸毒人数不断增加，客观环境的侵袭成为引发重复吸毒问题的直接原因之一。社会环境决定了毒品的可获得性。毒品的供应量越大，吸毒者的人数就越多，毒品的可获得性就越强，个体面临的诱惑就越多，复吸的概率就越大。

4. 社会防控机制的薄弱

尽管我国采取了“预防为主，综合治理，禁种、禁制、禁贩、禁吸并举”的禁毒工作方针，但是社会负面因素对复吸群体产生了消极影响。我国的市场经济尚处在完善的过程中，其固有的不成熟性和不稳定因素会产生复吸的各种诱因，加之社会转型期的矛盾突出问题进一步加剧复吸的现实诱惑。社会约束力的弱化，个人欲望的膨胀，成为复吸泛滥的一大诱因。就目前的情形来看，戒毒人员回归社会后基本上处于一种脱离家庭、单位、社会的失控状态，政府监管不到位，整个社会缺乏一个有效的监管机制。而社会环境的不良风气降低了社会道德规范和法律的规范功能，从而促使复吸行为发生。

◎ 干预复吸

复吸是多因素综合所致，单纯急性脱瘾治疗是完全不够的。成瘾者完成急性脱瘾之后，再接受一段时间的康复治疗，彻底消除精神依赖，可以有效降低复吸。预防和干预复吸是一项复杂的系统工程，需要动员社会各界的力量。

1. 努力提高戒毒治疗水平

由于戒毒基础研究比较薄弱，医疗戒毒手段仍不成熟，戒毒治疗方法只能达到临时戒毒脱瘾的目的，尚不能从心理上戒断毒瘾。因此，有必要加强科学研究，调整治疗重点，改变医疗观念，将脱毒、康复及后续照顾管理有机结合起来，努力提高对精神依赖的治疗效果。

2. 建立网络防控体系

解决复吸难题，必须要重视防控网络体系的建立，社会各部门要密切配合，对戒毒者大力加强道德、科学、心理和卫生教育。充分利用社会组织，建立完善的辅导网络，帮助戒毒人员顺利回归社会。充分利用社区的可获得性资源，积极发动和引导各种社会团体、民间组织、慈善组织、社会志愿者、私营机构等参与复吸的防控工作，为预防复吸、降低复吸率、巩固戒毒成果，提供各种社会服务，做好戒毒人员回归社会后的善后辅导工作，为个体的发展提供良好的平台。

第2章 远离毒品

吸毒诱因

我国吸毒人数如此之多，增长速度如此之快，不仅与我国处于“金三角”向海外输送毒品的“黄金通道”和长期处于无毒状态，在吸毒初现之时未能引起足够重视等因素有关，还与吸毒者的家庭出身、婚姻状况、文化程度、心理因素等个人、家庭因素息息相关。下面我们分别从社会、家庭、个人三个层面来讨论分析一下吸毒的因素。

一、社会因素

1. 竞争激烈的社会环境的影响

随着社会的发展，人们生活节奏越来越快，在巨大压力与挑战下，有些人不是去寻找正确的解决办法摆脱危机，而是使用毒品来寻求解脱和逃避现实。

张某从小学到大学都是尖子生，大学毕业以后，工作压力大，经常“开夜车”，单位有同事经常用一种东西提神，有一天就拿给他试试，为了工作更有效率，他豁出去了。几天后茶饭不思，提不起精神去工作，这才发现，他已经吸毒上瘾了。

2. 毒品黑市的存在

通过调查发现，有65%左右的毒品直接来源于黑市，25%来源于“朋友”。由此可见，毒品绝大多数来源于非法交易。目前，毒品交易具有以下特点：首先，网络交易已经达到了无孔不入的境界；其次，制毒、贩毒的形式更加隐蔽；再次，品种也越来越多，尤其是易制有毒化学物品的发展；最后，价格层次越来越高。所以，针对以上特点，我们要加大对种毒、贩毒、制毒的打击力度，减少社会上毒品的流通途径和流通量，遏制毒品的扩散和吸毒的蔓延。

3. 高危地点

根据公安机关的备案记录可以发现，第一次吸毒的地点中，酒店占20%左右，娱乐场所占10%左右，歌舞厅占7%左右。这些地点，人员比较复杂，治安管理比较松懈。因此，公安机关应采取措施加强对这些高危地点的管理，同时，加强对未成年人的管理和教育，未达到法定年龄者一律不得入内消费，以便减少吸毒者和贩毒者对他们的影响。

4. 药源性因素

因误用、多服含有致瘾性成分的镇咳、镇静、止痛类药物而致瘾，并走上吸毒之路的亦占有7%，这一点应引起卫生部门的高度注意，这表明我们的药物管理法规和有关制度的实施有待进一步加强。另一方面，我们应该开发和采取更有效的药物，以减少使用致瘾性强的药物。

5. 贩毒者的影响

阿丽在父母离异后选择离家出走，第一次吸毒是发廊老板强行在她胳膊上打了一针。昏睡三天后又被注射过几次，从此她就再也离不开毒品。老板就这样控制着她和另外几个女孩。

消费市场对毒品违法犯罪活动构成极大的刺激作用，给毒贩们带来巨大的利润。由于消费市场吸与贩的相互刺激，毒品问题就日益突出。毒贩们为扩大毒网，他们会采用各种各样的方法诱骗别人吸毒上瘾，而在娱乐场所玩耍的青少年就是他们进攻的主要目标，大部分吸毒者之所以走上吸毒歧途就是因为上当受骗。另外，有许多吸毒者在没有经济能力购买毒品时就会走上“以贩养吸”的道路。

二、家庭因素

通过调查发现，吸毒者来自不同的家庭环境，但大多数集中在农民家庭、工人家庭以及待业家庭。他们的家庭有共同的特点，大多数婚姻不健全，没有正式稳定的工作等。第一次吸毒的亦有16%左右的人在家里开始，平时在家里吸毒的占53%。可见，吸毒与家庭环境有密切关系。因此，我们要充分重视家庭对吸毒的影响，以更好地发挥家庭在禁毒工作中的重要作用。

家庭是社会的细胞，也是个人成长、生活的重要环境，在家庭中所受的教育以及家庭成员之间互为影响的关系对个人都有重要影响。其中，前者对未成年人的影响比较大，后者对成年人的影响也比较大。

1. 家庭教育因素

家庭教育的重要性已经被大家所接受并确认，而家庭教育的失败往往会加大子女走上吸毒或者犯罪道路的可能性。家庭教育的主要因素是家长的品行、对家庭教育的重视程度、方式方法以及家长教育子女的时间等。在家庭教育中，家长的人生态度、生活方式通过言传身教、潜移默化对子女产生影响。有调查表明，虽然吸毒者的父母不一定吸毒，但他们有追求感官刺激以及及时行乐的共性，这种行为模式潜移默化在子女的内心深处促成一种消极的人生观，这是子女沾染毒品的重要心理基础。家庭教育的方式方法不当也会给子女吸毒打下基础。家庭暴力行为，经常打骂子女，很容易导致家长与子女之间关系过于紧张；过于溺爱、生活上过分关注、管教不严且经济上放纵都容易使孩子的家庭教育出现异化，表现出放纵自己和反社会的行为。通过调查还可以发现，吸毒者中农民家庭出身和工人家庭出身的占据了很大部分，这些家庭的家长文化水平普遍较低，生活水平也相对困难，因此，家长们就要为生活付出更多的时间和精力，对子女的教育就相对减少很多。这样一来，家长对子女的思想和行为的观察就会减少，从而不能对其出现的不良行为进行及时的纠正和教育。

2. 成员关系

首先是婚姻状况因素。吸毒者中往往未婚的居多，这与他们仍然生活在父母的庇护之下，没有家庭责任感有关。其中，未婚的吸毒者中，待业者占一半左右，多游手好闲者。在待业情况下，他们往往精神空虚，寂寞无聊，对生活没有多大的追求，一旦接触到毒品，就会深陷毒品所带来的一时的刺激与欢乐中。婚姻正常的家庭中几乎很少出现吸毒者。由此可见，稳定的婚姻对吸毒行为具有一定的抑制作用。婚姻状况不但会影响成年人，同时还会影响下一代。据某市对青少年吸毒与家庭环境的调查表明，因父母离异，家庭残缺，得不到家庭温暖而导致吸毒的占三分之一左右。因此，家庭和学校对因婚姻问题造成的高危人群要格外重视，要给予他们更多的关心和社会支持，如对单亲家庭的子女要更多关注他们的心理健康等。另外，诸多调查也表明，家人吸毒也容易诱发其他成员吸毒，因此，我们在开展对戒毒人员教育的同时，同样不可忽视对其家人的相关教育。

家庭不仅在预防吸毒过程中有着极其重要的地位和作用，在吸毒者戒除毒瘾后也起着十分重要的作用，家人的态度决定了戒毒者心理是否会健全。吸毒者在戒毒回家后，家庭成员要在以下几个环节对其进行关心和照顾：帮助已戒毒者建立正常的生活秩序和养成良好的生活习惯，纠正他们在吸毒时养成的夜间活动、白天睡觉的习惯；帮助他们参加健康的娱乐活动和保持稳定情绪，避免他们出现情绪悲观，如沮丧、忧郁等；设法调节他们的不良心境，摆脱其渴求毒品的念头，如陪他们散步、郊游，或外出旅行。需要特别指出的是，家庭、亲友千万不能歧视和抛弃这些已戒毒者，要关心他们的婚姻、就业、生活等问题，使之感受到亲情和温暖，这样才能坚定他们彻底戒毒的信心，创造适合休养的家庭环境。已戒毒者回家后，家庭成员要精心照顾他们的生活，减轻他们的心理压力，并在精神上给予支持。异地治疗是一个有效的方法，注意保持和恢复已戒毒者的社会适应性，增加他们的识别能力和防毒意识，使其心理活动能与社会协调一致，以达到抗复吸的目的。

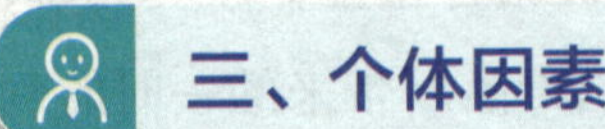

三、个体因素

1. 文化程度因素

吸毒者中，大专以下的人居多，其中小学和初中文化水平的人占了绝大部分，这表明接受教育的程度与吸毒有一定的相关性，总体而言，受教育程度越高者，吸毒的可能性越小，反之，可能性就越大。这就说明，我们在小学、中学的禁毒教育有待进一步加强。

2. 职业因素

待业者吸毒的可能性最大，其次是商人、司机和农民，这可能与他们的工作性质和工作特点有关。我们应加强对这类高危人群的禁毒教育，同时做好就业安置工作，最大限度地确保群众有工可做。

3. 个人心理因素

大致来说，吸毒诱因可以分为十种。吸毒者中，因无知好奇、炫富、逃避困境、减肥等原因而走上吸毒不归路的人所占比例非常高，这些心理因素是导致吸毒的内在原因。因此，如何戒除对毒品和吸毒的好奇心应成为预防吸毒工作的重要切入口。在宣传拒绝毒品的同时，我们应高度重视人格培养等心理健康教育，包括对青少年以及成年人的心理矫治。

吸毒诱因之一：

无知好奇

一项调查表明，在青少年吸毒者中，有80%以上是在不知道毒品危害的情况下吸毒成瘾的。抱着“找一下吸毒的感觉”“抽着玩玩”“尝尝新鲜”等念头，一些青少年在毒品面前放任自己的好奇心，就好比在悬崖边抬脚试探崖底有多深一样危险。

湖南省一男子徐彪，父母离婚后均外出打工，留下年仅18周岁的徐彪独自在家。因在家独处无聊，加上无人管教，交友不慎，为了追求刺激，徐彪竟然数次邀请朋友到自己家中一块吸食毒品。经湖南省汉寿县检察院提起公诉，近日法院以容留他人吸毒罪判处被告人徐彪拘役五个月，并处罚金2000元。

李某，17岁那年和朋友们去迪厅，看到里面的人跳舞跳得很来劲，头摇得像拨浪鼓。为何自己就跳不出他们那种感觉来呢？于是朋友给了他一颗摇头丸，一两秒钟后，立即感到全身血液化为气泡，直涌至头顶，巨大的欣快感充溢全身。

许多人都是出于强烈的好奇心，对毒品跃跃欲试，低估毒品的威力，缺乏对毒品的认识和辨别是非的能力而染上毒品的。特别是处于青春期较迷茫的青少年，探索欲望强，喜欢追求刺激，警戒性不高，怀着不妨一试的冒险心理误入歧途。据深圳戒毒所报告，从1991年至1995年收戒的3006人中因好奇染上毒瘾的占70%。

免费尝试、上当受骗

有不少吸毒者是在不知情的状态中被毒贩诱骗而吸毒的。毒品贩子为避人耳目，同时为了“以贩养吸”，往往设下陷阱，把吸毒者一个个拉下水。

李某无意间碰到原来的一个邻居，那个邻居其实是个毒贩。毒贩给了李某一支“香烟”，李某吸完后感到有些不舒服。毒贩告诉李某这是专门为男性制造的香烟，有强身壮阳的功效。两人第二次见面时李某又抽了一支“壮阳烟”，感觉似乎不错。这样，毒贩在两个星期里不断免费提供“壮阳烟”给李某，直到李某成瘾，自己掏腰包买“烟”。李某从此成为这个毒贩的固定“客户”。

吸毒诱因之三：

将吸毒视为赶“时髦”、炫富的手段

有些人认为吸毒时髦、气派，是高档消费和富有的象征，许多人就是这样尝试着吸毒的。可是他们并不知道，毒品的爪牙已经伸向他们的财富、事业、家庭，他们将变得一无所有，身败名裂。富家子弟莫某，时常看到进出老板俱乐部的一些生意人吸毒，这些人挎着美女，开着名车，看上去十分潇洒。于是莫某也开始吸毒。最后，他不仅卖了辛辛苦苦挣来的房产、汽车，还早早断送了自己年轻的生命。

杨某25岁，高中毕业后家里买车让他跑出租。当时有朋友常向他借钱去买“粉”吃，可从来不还。他就想，自己那么富，好吃的都吃过，好玩的也玩过，那么时髦的“粉”自己还没吃过，与其给他们吃还不如自己吃，就这样沾上了毒品。

有些人精神空虚，追求叛逆和标新立异，希望生活得更有个性，便寻找刺激，把吸毒行为视为时髦、有钱的象征，把毒品看成奢侈品，以之为荣，而相互追随模仿，相互攀比。武汉戒毒中心1997年调查发现，38.1%的吸毒者把吸毒看成是有钱人的象征。

来自周围的不良影响

许多人染毒是来自周围的不良影响。谎称“毒品吸一两次不会上瘾”。

有一位戒毒者在叙述自己的吸毒史时说：“一次，一位朋友给了我一支香烟，并用手指挑了很少一点白粉放进去。我想这么一点点是不会上瘾的，就接过来抽了，当时只感觉恶心呕吐。第二次，我又抽了一支，这次找到了感觉。谁知道这一尝出味道来，就上瘾了，从此一发而不可收。没想到这是致命的一口啊！”

一日吸毒，永远想毒，终身戒毒，毒品是一道高压线，碰不得！

吸毒诱因之五：

赌气和不正常的逆反心理

有的人是为了给吸毒者做出戒毒的榜样，不信吸毒戒不了而吸毒；有的是抱着“你不让我干，我偏要试试”的逆反心理；还有的是想要证明自己非同一般而吸毒。这都是因为赌气和一种不正常的逆反心理在作怪。

一个美满的家庭，妻子吸毒后屡戒不能，丈夫见她那乞求毒品失魂落魄的样子就说：“怎么就那样没有出息，我抽几次，然后戒给你看。”可是，这位丈夫抽了几次后，不但未戒掉，反而与妻子一同沦为瘾君子。

吸毒诱因之六：

受挫后逃避现实

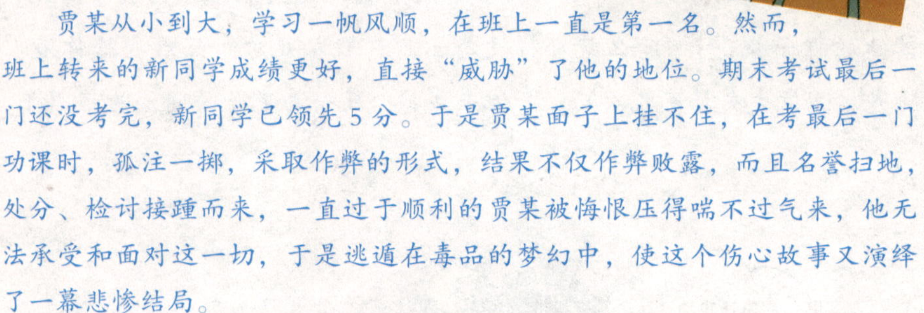

青少年吸毒往往是由于父母离异、家庭关系紧张、学习压力大、师生关系不好、高考受挫，以及待业等不顺心的问题引起精神苦闷、情绪低落，试图以吸毒麻醉自己。还有一些人吸毒是由于生活压力大、工作不顺心、婚姻不幸等原因，为了排解心中苦闷而染上毒品。

贾某从小到大，学习一帆风顺，在班上一直是第一名。然而，班上转来的新同学成绩更好，直接“威胁”了他的地位。期末考试最后一门还没考完，新同学已领先5分。于是贾某面子上挂不住，在考最后一门功课时，孤注一掷，采取作弊的形式，结果不仅作弊败露，而且名誉扫地，处分、检讨接踵而来，一直过于顺利的贾某被悔恨压得喘不过气来，他无法承受和面对这一切，于是逃遁在毒品的梦幻中，使这个伤心故事又演绎了一幕悲惨结局。

鄂州男子褚某，今年41岁，最近与妻子关系颇为紧张，几乎到了离婚的边缘。双方老人都已年近七十，孩子今年又面临高考，褚某因长期家庭不和，心情非常郁闷，想到劝解无果，又不想给孩子带来负面的影响，褚某内心极度烦闷，压力大无法排解，听朋友说吸食“麻果”可以舒缓压力，抱着试试看的心理，褚某通过朋友购买了一颗“麻果”吸食，想释放压力，结果可想而知。

张某，37岁，以前是某化工厂的骨干，后来厂里不景气，加上老婆又和他闹离婚，努力好长时间，工作都没有起色，晚上就去酒吧买醉。后来酒吧的朋友说，借酒消愁，不如吃点这个，这可比酒起作用，不信试试，于是很快就上瘾了。

当今社会学习生活工作压力大，在遇到人际冲突、婚恋失败、经营破产等挫折，有的人就感到灰心丧气，无能和自卑，为寻求解脱、忘却烦恼，就选择用吸毒来释放苦闷。据统计，84.5%的男性吸毒者大多有焦虑抑郁症状。

吸毒诱因之七：

利用爱美之心，编造可以减肥的谎言

有的人觉得自己身材不好，羡慕那些身材妖娆的美女，便轻信了“吸毒可以减肥”的谎言，于是一些人用吸食冰毒来减肥，结果上瘾。2013 年 7 月，浙江省温州市洞头警方抓获了两名“为了减肥而吸毒”的 90 后女子。2013 年 11 月，呼和浩特开发区警方查处一起吸毒案件，90 后女孩也是为了减肥而吸食冰毒成瘾，结果被强制戒毒 2 年。

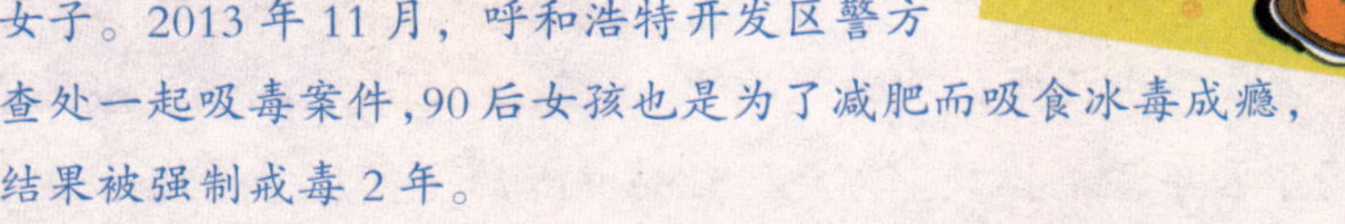

2017 年 5 月，浙江省温州市苍南县一位父亲报警举报自己的女儿吸毒。原来，90 后的赵某为了减肥染上毒品，此后一发不可收拾，家人多次劝诫无果。为了让赵某迷途知返，父亲无奈报警求助。民警当日接到这通“大义灭亲”的举报电话后，立即赶往现场，并口头传唤嫌疑人赵某配合调查。经检测，赵某的尿检结果呈阳性，确系吸毒人员。

原来，赵某多年来被身材问题困扰，多次尝试运动减肥、节食减肥，或因无法持之以恒，或因减肥效果不明显，均以失败告终。去年 12 月，赵某偶然从一朋友处得知“吸食毒品可以减肥”，便信以为真，开始接触毒品。岂料，赵某一吸便一发不可收拾，染上毒瘾。赵某称，自己在吸食毒品后，不想进食也不想睡觉，头晕眼花，容易产生幻听幻觉，烦躁易怒。赵某性格的突然变化引起了家人的注意，面对家人的质问，赵某推脱自己只是在吸食“茶精”提神，并没做什么违法的事。但赵某的谎言很快被父亲撞破。赵某父亲在严厉指责、耐心劝说皆无效的情况下，毅然决定让法律来惩戒赵某，希望能让女儿迷途知返。警方表示，吸食毒品后带来的精神恍惚、食量骤减、失眠、烦躁易怒等诸多副作用，才是导致体重下降的原因，赵某因轻信他人而沾染上毒品，不仅损害自身健康，还构成违法。目前，赵某已经被警方依法行政拘留。

吸毒诱因之八：

在特定环境下使用新型毒品

张某的儿子从海外留学回国后，有一天晚上，他身体不舒服，叫了附近一家诊所的老板到家里给他打点滴。双方认识后，诊所老板向张某的儿子推荐了一种“止咳水”，刚开始很有效，后来就渐渐离不开它了，一天要喝十几瓶，不喝就不舒服，就这样喝了6年，花掉数十万元。让她痛心的是，儿子还没结婚，但是身体已经喝垮，不仅精神萎靡不振，内脏也受到严重损伤。

吸毒诱因之九：

为“爱情”盲目吸毒

因为吸毒恋人的甜言蜜语，为“爱”盲目追随，从而走上吸、贩毒道路。

李某通过QQ认识了帅气的张某，很快坠入爱河，谁知这不是爱河而是个深渊。李某与张某同居后发现他是个“以贩养吸”的瘾君子，李某多次相劝也没能使浪子回头，却被张某的甜言蜜语忽悠，也走上了贩毒的道路。此后，张某藏身幕后负责找销路，李某则负责送货收钱，法不容情，这对贩毒鸳鸯现已被警方抓获。

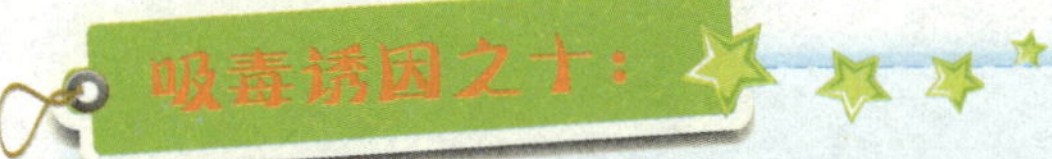

有些毒品无色无味，不小心误食

一些人在娱乐场所随意饮用陌生人的饮料或离开座位期间未看管好自己的饮品，导致误食毒品，造成严重后果，踏上毒路。

奶茶、茶叶、糖片、橙汁冲剂都被发现用于毒品伪装。2017年5月，深圳罗湖警方在侦破一宗贩毒案件时，查获了一种类似奶茶的毒品，"奶茶"是一种新型毒品，这种新型毒品外观和口感都与奶茶极为相近。这类毒品遇水即溶，即冲即饮，与各种饮品混合后，口味都不发生变化，甚至香味都相似。

据民警介绍，毒品"奶茶"往往包装成速溶奶茶的模样，主要成分是亚甲二氧甲基苯丙胺，呈粉末状，即冲即饮，口感与奶茶相似，但里面却掺杂了冰毒、K粉，成瘾性强，这种毒品更容易上瘾。此类新型毒品迷惑性很强，毒品效果持续时间较长，对吸毒人员极具诱惑力。警方提醒大家特别是青少年，遇到陌生人提供此类饮品要仔细查看，加强防范！

4. 个人交往因素

根据调查显示，第一次吸毒在朋友家的占40%，平时吸毒在朋友家的占15%，因被劝说吸毒的占0.5%，因“哥们义气”吸毒者占2%，毒品从朋友处买得的占25%，受到“粉友”诱惑而复吸的占15%。以上事实表明，吸毒行为与吸毒者本人的人际交往有密切关系。通过调查发现，有近一半的吸毒者有意或无意地使他人吸毒，其中无意者占大部分，由此可见，吸毒行为是具有传染性的。一个吸毒者或者毒贩可以将吸毒行为传染给他周围的人，或是无意中让他人受传染，或是怀着各种目的让他人吸毒来毒害别人。因此，禁毒除了要控制毒品的来源之外，关键是对已经被发现的吸毒人员进行有效的强制戒毒；对贩毒、制毒者加大打击力度。严格的执法环境可以在较短时间内减少社会上的吸毒者和贩毒者的数量，对于整个禁毒运动将起到积极的作用。

5. 辨别能力和抑制能力

综合心理因素和个人交往因素可以看出，吸毒者对吸毒具有一定程度的认同，其辨别是非的能力和意志力都亟待提高。因此，家庭、学校、社会应加大对禁毒教育的宣传，提高青少年和成年人的是非辨别能力和意志力的锻炼。个人则要在平时注重培养自己的辨别能力和意志力，使自己在关键时刻可以控制自己的意志力。

结合上述分析，笔者认为，防治吸毒行为必须从以下三方面入手：首先，个人要树立正确的人生观与价值观，从容地面对现实，提高自我控制力，克制盲目的好奇心理和侥幸心理，发展广泛兴趣，慎重交友；其次，家长应以身作则，自觉抵制毒品，多与子女沟通，管教有方，不溺爱，不放纵，尽量营造和谐的家庭环境；最后，相关部门要多开展禁毒宣传活动，增强人们的法律意识和自我保护意识，加大对娱乐场所的整顿，加强对社会闲散人员的管理。另外，对于吸毒者，戒毒工作者应根据其吸毒的原因进行有针对性的帮助，使其顺利回归社会。

No.2 珍爱生命 远离毒品

想远离毒品，不一定非得找那些被毒品摧残了一生的例子来警醒自己。染上毒品的人很多，都有各自的原因，但大多会为此后悔，你没有必要成为其中的一员。即使是已经吸食毒品上瘾的人，也可以成功摆脱毒品。下面向大家介绍四种方法，可以有效地帮助被毒品所困的受害者。

一、摆脱毒品四步法

◎ 拒绝毒品的诱惑

1. 给自己设立人生目标

研究显示，那些有目标的人和为目标而奋斗的人染上毒品的概率更小。因为有了目标，你知道自己未来想要什么，要怎样为此奋斗。而使用毒品其实都是为了寻求一时的快感，不计后果，不考虑将来。如果你想尝试毒品，就算只是一次，也先想想后果是什么，它对你的人生目标有什么影响。毒品不仅昂贵，而且违法，你很可能因此被抓进监狱里，或者是因为使用毒品而有了犯罪记录，给人生染上了污点，你还有多少精力可能去完成你的目标？设立目标还可以为你提高自信。当你对自己有了自信，相信自己能够达到自己的期望，那使用毒品的概率也就小了。建立并实现目标对戒毒也是有帮助的，因为这表明你有能力完成自己设定的事情，相信戒毒也是如此。

2. 花时间和你爱的人待在一起

和家人、爱人之间坚实的纽带，是帮你远离毒品的保护伞。换句话说，和家人、爱人的关系好，能帮你抵制毒品的诱惑。如果你对毒品好奇，忍不住想尝试，不要一个人憋着这个想法，找个你认识、可信并且尊敬的人，好好就这个问题谈一谈。他人可以给你提供建议和帮助，对远离毒品来说很重要。

3. 把实际情况告诉他人

如果你长期因为毒品而倍感压力，甚至被迫吸食毒品，找个可靠的人倾诉，比如父母、老师或者是法律顾问，你不必独自面对压力，别人的帮助能帮助你坚定远离毒品的信念。

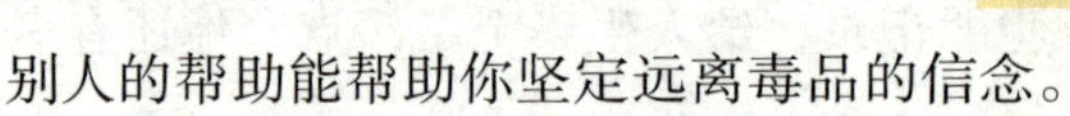

4. 享受一下做其他事情的乐趣

如果你只是为了追求一时的快感，不如把注意力转移到其他有趣，而且让人开心的事情上。比如，培养兴趣爱好，花时间和朋友待在一起，玩电子

游戏，或者是帮助他人，这或许能帮你找到新的人生意义。出去跑步，读本好的小说，和家人朋友交谈，玩有趣的游戏，或者接受心理辅导，都可以解决你的问题或消极想法。和朋友说说你的感受，或者干脆出去看看电影，做些能转移注意力的事。

5. 一开始就不要尝试

如果有人给你毒品，直接拒绝然后走开。如果因为对方是朋友，觉得不好拒绝，那就反过来想想，真正的朋友应该尊重你，就算你拒绝毒品，他们也应该支持你，不应该强迫你做任何不想做的事。如果他们真的强迫你，那你应该考虑换换朋友了。

6. 保持安全距离

如果你发现家里有亲戚或者有朋友吸毒，请远离他们，绝不要走同样的路。可以的话，和信任的朋友谈谈，他们可能会给你提供建议、方法和支

持。要远离毒品，外在的支持是非常重要的。要知道，家里有人吸毒的话，你染毒的概率会更大，要远离毒品也就需要做得更多。如果你的朋友沉迷于毒品，请远离。要学会和不使用毒品的人，清清楚楚、明明白白生活着的人来往。另外，要注意，青少年很容易被吸毒的同伴带坏。

7. 远离诱惑

如果你所在的学校里有这么一群吸毒的人，坚决不要和他们走在一起。你可以找到更积极、有更多正能量的朋友。如果你参加聚会的时候，发现有人在吸毒，直接走掉就是了。如果继续待下去，就算你可以拒绝，来自同龄人的压力也可能让你被迫吸毒。要知道社交的影响力是很强的，甚至会迫使你使用毒品，就算是社交媒体也有这样的负面作用。如果社交媒体上有很多使用毒品的图片，想办法屏蔽这些图片。

8. 反思毒品的诱惑

如果你仅仅因为好奇心而想要尝试毒品，其实这是可以避免的。自己好好想想“为什么我想要尝试毒品？”你想尝试毒品的原因到底是什么？如果你只是因为觉得其他人都在用毒品，你想和你的兄弟们更亲近，那么提醒自己，并不是每个人都吸毒。一般年轻人吸毒的现象会更严重一点。要和你的

朋友好好相处，办法多得是，你们可以培养共同的兴趣爱好，可以一起运动。如果你只是因为压力而想要尝试毒品，那么首先要知道，毒品是可以缓解一时的压力，但它的危害却更大。解压的方法有很多，运动、瑜伽和冥想都可以。如果你的压力实在很大，还可以接受专业治疗。如果你还只是个青少年，要铭记自己的心智还没有完全成熟，决策能力总是不够的，选择吸食毒品可能是一个会毁掉你后半生的决定。想想 50 岁以后的你会感谢你现在吸食了毒品吗?

9. 果断地说“不”

你可能会面临被迫吸食毒品的情况，一定要坚定自己的决心，不要犹豫。如果你表现出了一丝的犹豫，就会让强迫你吸毒的人有机可乘。如果你拒绝了别人给的毒品，别人问你原因，你根本不需要回答。你要是搪塞了一个理由，他们又会抓着不放，直到劝服你为止。别人可能会说“大家都这么做”，或者“就一次没关系”等等，不要被这种话所欺骗。态度一定要坚决，直接告诉他事实：“是，有的人可能会吸食毒品，但并不是每个人都这样，而我更不会沾毒品。”或者你可以回答：“不，就是一次我也不会用的，我的人生不需要毒品。”

10. 保持充实的状态

保持头脑敏锐，积极地融入你身边的世界里。如果你一直保持忙碌、积极和充实的状态，就没有时间去吸毒。无聊和空虚可能让你染上毒品，但充实的生活会减少你接触毒品的可能。学习一门新语言，培养一个兴趣爱好，学习一类乐器，做志愿者等，都能丰富你的生活（并且充实你的简历），让你远离毒品。

◎ 摆脱毒瘾

1. 弄清楚为什么人们会吸食毒品

人们使用毒品通常都是一种自我慰藉的表现，但是由于毒瘾作用太强，人一旦接触便会陷入使用毒品的恶性循环中。要摆脱毒品，首先你得先去戒毒所之类的地方，参加一系列的戒毒活动，摆脱生理上的毒瘾现象。一开始，你甚至可能感觉生不如死，一旦解决生理现象，再处理导致你一开始使用毒品的心理因素。吸毒的人不一定就是“坏人”，或者是“不道德的人”。长期吸食毒品的人可能不容易戒毒，长期吸食毒品可能对大脑造成伤害，所以更难戒除，但这并不是没有可能。

2. 提防促使你吸毒的诱因

如果你曾经吸食过毒品，那想想什么东西和你吸毒有关系。是你吸毒的用具、带你吸毒的朋友、某个吸毒场所，或是某首将你带上吸毒道路的歌？如果你知道某些东西会促使自己吸毒，请远离这些诱因。把那些宣扬毒品的歌都给删了，把抽大麻的卷烟纸扔了。如果你再没有机会接触这些触发器，再次吸毒的可能性也会减少。过去吸毒的地方也不要去了。要做到彻底远离毒品诱发因素可能很难，但这对彻底戒毒很有帮助。

3. 你可以加入戒毒社区，或者接受家人的帮助

外在的支持是让你坚持远离毒品的关键。如果你一直在戒毒的路上苦苦挣扎，那他人的支持想必很有用。要寻找这种外在的帮助，你可以和医生、顾问或者其他健康护理人员谈谈，翻翻黄页上当地戒毒组织的电话，或者找找各种宗教团体，当地或者全国性戒毒组织。

4. 试试“冲浪游戏”

这里说的冲浪游戏其实是一种心理练习，帮助你克服心理障碍，直到完全战胜它。把你的渴望想象成翻腾的浪潮，你踏着冲浪板迎着浪，直到它渐渐消退，被你踏在脚下。用冲浪游戏克服你的欲望，要比单纯地逃避和压抑它更有效。提醒你自己，这应该不是你第一次毒瘾发作了。你之前有克服过毒瘾吗？我想应该是有的。只要你克服过一次，你可以告诉自己这一次也会过去的。感受你克服毒瘾过程中的想法和感受，比方说，你可能想用某种毒品，你可能大汗淋漓、心痒难耐、焦躁不安。首先，你得承认这些现象确实存在，但这些都只是你自己的感觉而已，它们的力量都是你赋予的，要相信自己其实可以战胜它们。毒瘾犯了的时候，集中精力深呼吸，缓慢而均匀地吸气、呼气。这样做能把你的注意力集中在当下，而不是苦苦面对着渴望挣扎。

5. 告诉自己你会坚持10分钟

如果你对毒品的渴望非常强，那先憋10分钟，尽力延长忍耐的时间。坚持，就只等10分钟，你可以做到的。等10分钟过了欲望还是很强，再问问自己，你是否还可以再忍10分钟。就这样一轮一轮地忍过去，等

到欲望完全消失。时间够的话，毒瘾总会过去的。

◎ 保持身体健康

1. 吃得健康

人的身心其实有着微妙的联系，你的意识其实是由大脑操控的，而大脑又是身体的一部分，这也说明身体的健康和心理的健康是紧密相连的。毒品会导致心理问题，而身心又是相连的，保持身体健康其实是远离毒品的重要因素。保持身体健康的方法之一就是吃的得有营养。饮食要均衡，多吃精瘦肉、坚果、水果和蔬菜。说不定你会因此爱上做饭，从而把它当作一个兴趣爱好，也会帮助你远离毒品。

2. 多运动

运动可以促进大脑分泌内啡肽，同样能让你感觉很好，并且没有什么害处。运动能减压，甚至能抗轻微抑郁。压力和抑郁都是吸毒的诱因之一，所以经常运动对远离毒品也很重要。

3. 避免摄入过多咖啡因

过多的咖啡因会让你神经过敏和焦虑，从而增加压力，也增加了使用毒品缓解压力的可能。

4. 保证有充足的睡眠

睡眠不足会影响心理状态，从而产生疲劳、悲伤和焦虑等感觉，这些消极情绪会增加你使用毒品的可能。

5. 放松身心

尝试一些放松的方法来保持身心健康。放松技巧能排解消极情绪和肌肉紧张等身体消极反应，从而减少压力对身体的负面影响。压力是导致人们使用毒品的一个常见因素，处理好压力一定程度上会帮助你摆脱毒品的困扰。尽情想象，用心去想象一些平和放松的图面，调动你身体的所有感官去想象自己身处在一片平静的汪洋之中，想象海风咸咸的味道，微风拂过身体的感觉和温暖的阳光，让自己全身

心地沉入这个想象之中。可以试试瑜伽或者太极这类放松的运动。

◎ 寻找治疗方法

1. 寻找心理咨询

正在摆脱毒品的人需要帮助和指导，心理咨询能在你意志力薄弱的时候，为你提供远离毒品所需要的帮助。行为治疗法对帮助吸毒人士摆脱吸毒的欲望和戒毒非常有效，比如认知行为治疗。家庭的关怀也很有用，特别是对于那些因为家庭问题而走上吸毒道路的人。突变管理可以积极地强化人的心理，其中包括对远离毒品给予奖励等等。

2. 考虑进戒毒所

住院和非住院戒毒所各有各的优点和缺点。住院戒毒所会密切监督你的行为，切断所有吸毒的可能，戒毒的进程也会相对快一些，但是它的价格比较高，而且会影响工作等日常活动。非住院戒毒所治疗花费少，对生活的影响也更小，但因为不能全面地管控你的生活，所以不如前者有效，它的优点在于更便宜，也更自由。根据吸毒人士的毒瘾、吸毒量、吸毒时间、年龄和身体状况等因素来综合考虑，应选择最佳的治疗方法。毒瘾特别大的人、吸毒史比较长的人、因为吸毒而有过犯罪记录的人、因为吸毒有社交问题的人，一般都需要住在戒毒所里戒毒。

3. 找个支持者

许多戒毒组织会给他们的新成员分派一个直接的帮助人，他一般是一个成功戒毒的人，会一步一步带领你摆脱毒品。一个好的支持者会帮你渐渐成长起来，逐渐摆脱毒品，让你更自主，更爱自己，更有激情，不再那么敏感，帮助你渐渐主宰你的生活。如果你不怎么坚持，完全没有进步，他们也可能不再帮助你。

二、远离毒品，做到“十不要”

1 不要因为遇到不顺心的事而以吸毒消愁解闷。要勇敢面对失学、失恋等人生挫折。

2 不要放任好奇心。如果因好奇心以身试毒，一试必付出惨痛代价。

3 不要抱侥幸心理。吸毒极易成瘾，试一下将会悔恨终生。

4 不要结交有吸毒、贩毒行为的人。遇有亲友吸毒，一要劝阻，二要回避，三要举报。

5 不要在吸毒场所停留。身处毒雾缭绕的地方实际是不自觉吸毒，万万不可停留。

6 不要听信吸毒是“高级享受”的谣言，吸毒一口，痛苦一生。

7 不要接受吸毒人的香烟或饮料，因为他们可能会诱骗你吸毒。

8 不要听信毒品能治病的谎言，吸毒摧残身体，根本不可能治病。

9 不要虚荣，以为有钱人才吸得起毒。吸毒是一种愚昧可耻的行为。

10 不要盲目仿效吸毒者，也不要崇拜吸毒的“偶像”，这种赶时髦的心理既幼稚又糊涂。

No.3 / 吸烟与吸毒 /

在一般人看来，香烟对人体的摧残不比毒品低，却能堂而皇之地在公众面前出售和吸食，这其实也是一种误解。目前，在我国以及大多数国家和地区政府对香烟的态度是不提倡（公共场所禁烟）、不宣传（禁止烟草广告）、承认有害身体健康（烟厂必须在烟盒上标明“吸烟有害健康”）。

我们知道，其实香烟对人体的伤害并不低，并且也会影响和危害到其他人的身体健康，但为什么两者有如此明显的区别对待呢？在回答这个问题之前，我们需要了解两者危害性的区别所在，才能明白政府为何会区别对待。

香烟与毒品的危害相比较，有很多共同点，但在共同点之下，又有着不同点。下面从几个方面来比较一下，就能很清楚地看出两者危害性的区别。

一、成瘾性

香烟与毒品一样，都能让人上瘾，都是通过对中枢神经系统的刺激，释放更多的多巴胺，达到上瘾的目的。尼古丁是香烟内的主要有效成分，能刺激人体，亦会令人上瘾。0.5毫克的尼古丁，就会使人上瘾，尼古丁进入体内会刺激脑部下视觉神经产生振奋的感觉，俗称“爽”的感觉，因为长期的刺激与振奋的情况下，如停止吸入尼古丁，就会感到精神不振、萎靡无力、全身软弱，甚至打哈欠、流眼泪，难受极了。

毒品则是将维持着人体正常生理活动的吗啡肽物质减少并抑制分泌，当人体适应了毒品这种外界的类吗啡肽物质来维持生理活动时，自身的类吗啡肽物质分泌最终将会完全停止。一旦外界停止供应这种吗啡肽物质，人的生理活动就会紊乱，出现失眠、焦虑、记忆力下降、抑郁、意志消沉、幻觉、妄想、猜忌、情绪暴躁、性格改变，甚至有暴力倾向和暴力行为等症状，只有外界再供给吗啡物质，才可能解除这些症状。

从成瘾性可以看出，香烟虽然与毒品都具有此功效，但是成瘾后的症状有明显区别。香烟的成瘾症状是对自身的精神状态以及身体上的有一种不适应感，而毒品会使吸食者出现幻觉、妄想、猜忌、性格改变、暴力倾向和暴力行为等明显带有精神病或是暴力攻击性的行为。

二、对人体健康的危害

两者都非常伤害人体健康，但危害的时间以及躯体器官也是明显不同。香烟对人体是一个积铢累寸的慢性伤害过程，其对人体构成危害的主要成分是尼古丁。一支香烟的尼古丁为6~8毫克，足以毒死一只老鼠，二十支香烟的尼古丁可以毒死一头牛。使人致死的尼古丁剂量为50~75毫克，一个人每天吸二十至二十五支烟，就可以达到这个剂量。但在吸烟时，约25%的尼古丁被燃烧破坏，5%残留烟头内，50%扩散到空间，真正被人体吸收的尼古丁只有20%，所以人一天吸一盒香烟也不会中毒。

吸烟有害健康

毒品对人体的危害则是一个短期直接的快速伤害过程，它主要破坏的是人的免疫系统和中枢神经系统。深度毒品成瘾者的躯体多数是多病缠身，比如肺部感染、泌尿系统感染、高热、心肌病、急性心衰、病毒性肝炎、梅毒、皮肤严重感染、高血压、糖尿病、肾结石、胆囊炎等等。当人体的中枢神经系统被毒品伤害后，就会出现幻觉、妄想、暴躁易激惹、性格改变、猜忌、暴力倾向等症状。

同样的危害，香烟对人体的危害是一个慢性过程，对躯体器官和精神心理的伤害较小。毒品不仅对躯体器官伤害严重，更严重的是对心理精神都会造成巨大的影响，让吸毒者在毒瘾发作时极具自残或攻击性。

三、对躯体器官的危害

虽然两者都是直接伤害躯体器官，但两者的危害方法有明显区别。香烟伤害的第一步是从肺部开始，所以绝大多数老烟民的肺部是有问题的，重则肺癌，轻则肺气肿，然后危害其他身体器官，如支气管、心血管系统、肝脏等都是烟民易得疾病的器官。

毒品进入人体后，直接就是作用于大脑和中枢神经系统，我们人体的生理活动就是由这两部分合作控制管理的。当毒品对它们造成破坏后，直接影响我们的生理活动和精神状态。毒品对人的大脑的有些伤害是永久性的，难以修复，而中枢神经系统更是如此，所以吸毒人员就算戒毒成功后，也很难恢复到正常人的状态和体质。

四、对社会公众的危害

我们知道吸烟者吐出的二手烟雾，会污染室内空气，同时会造成诸多健康危害，包括增加成年人罹患心血管疾病、癌症、呼吸道疾病的概率，加重儿童哮喘程度，引发儿童肺炎、中耳炎乃至行为问题。特别是对孕妇、对青少年，更有着始料未及的危害。科学证明，怀孕时吸烟或吸入二手烟易导致死产、新生儿死亡率增加、新生儿出生体重较轻、自然性流产、早产，因为母亲在怀孕期间吸烟，烟中的尼古丁和一氧化碳可经过胎盘传至胎儿。这种行为对公众的危害性无疑也是巨大的，因此我国立法规定在所有室内公共场所禁烟。

相比吸烟者的二手烟给人带来的伤害，毒品给社会公众带来的危害更为恐怖。2016年4月4日，台北街头一名4岁女童惨遭33岁的吸毒惯犯杀害，并且是极其残忍的方式。这是典型的长期吸食毒品导致精神不受控制造成的结果，更不用谈因吸毒造成无数人丧命的毒驾（遗憾的是毒驾至今没有入刑法）。毒品对人的大脑以及中枢神经系统的完全破坏，已经让吸毒人丧失理智，精神情绪随时失去控制，没有道德伦理，没有底线，任何血腥残忍之事都做得出来。

吸烟者在公共场所吐出的二手烟危害完全可以通过道德约束，甚至是法律法规明令禁止。但毒品的危害是完全无法控制的，任何人都有可能在街上被一个吸毒成瘾的人员残忍攻击，而他们仅仅是为了抢一点钱买毒品。

以上两者的区别，已经充分表明毒品与香烟的危害有着天壤之别。当然无论这些差别有多大，但有一点是毋庸置疑的，那就是二者都是残害人类的。香烟因其潜伏期长，对人体的伤害是一个积铢累寸的过程，让人误以为伤害不大。但它确实对吸烟者自身或是身边人会造成巨大的躯体伤害。而毒品对人的摧残是一个短期快速的过程，通常吸食一年，无论是躯体还是精神状态都会发生天翻地覆的变化。

毒品能让一个健康人，在短短数年百病缠身；让一个慈眉善目的人，变得浑身充满戾气；让一个阳光上进的人，将家庭弄得倾家荡产、家破人亡、众叛亲离。吸毒者步入毒池后的人生四部曲：毁坏身体，散尽家财，家破人亡，男盗女娼，这是相当精确的十六字总结。

No.4 戒毒治疗

戒毒是指吸毒人员戒除吸食、注射毒品的恶习及毒瘾。对吸毒者进行戒毒治疗，一般应包括三个阶段：脱毒—康复—重新步入社会的辅导。现在一般采用自然戒断法、药物及非药物戒断法。

一、我国主要的戒毒模式

我国对戒毒模式基本框架的表述可以概括为：戒毒工作以社区为基础，家庭为依托，采取社区戒毒、强制隔离戒毒、戒毒康复等多种措施，建立戒毒治疗、康复指导、救助服务功能兼具的工作体系。

◎ 自愿戒毒

1. 自愿戒毒的含义

自愿戒毒是指吸毒人员自行到具有戒毒治疗资质的医疗机构接受戒毒治疗。设置戒毒医疗机构或者医疗机构从事戒毒治疗业务的，应当符合国务院卫生行政部门规定的条件，报所在地的省、自治区、直辖市人民政府卫生行政部门批准，并报同级公安机关备案。戒毒时限一般为10~20天，主要目的是帮助吸毒人员生理脱瘾，摆脱身体对毒品的依赖。

2. 自愿戒毒的意义

自愿戒毒工作始终坚持“预防为主、综合治理，禁种、禁制、禁贩、禁吸并举”的禁毒工作方针，坚持“以人为本、依法管理、科学戒毒、综合矫治、关怀救助”的原则，帮助吸毒成瘾人员戒除毒瘾，回归社会。自愿戒毒是一种重要的戒毒模式，是强制隔离戒毒的重要补充。开展自愿戒毒工作，为大量社会闲散吸毒人员提供对症治疗，帮助他们缓解、戒除毒瘾，给予他们充分的人文关怀，进而减少毒品需求，萎缩毒品市场，巩固戒断率，推进“无毒社区”建设，把吸毒问题控制在萌芽阶段。

3. 自愿戒毒人员的管理

目前，全国各地自愿戒毒机构缺乏统一规范，而需要戒毒的人员数量日益增多。因此，有必要建立一种更为科学、合理、规范的新型自愿戒毒模式。自愿戒毒康复中心按照“依法、规范、科学、文明”的管理原则，实行强制管理、自愿戒毒。

首先要依法管理。吸毒是违法行为，因此，我们要有毒必禁，吸毒必戒。自愿戒毒与社区戒毒、强制隔离戒毒的主要区别在于吸毒行为是否被公安机关发现，也就是说，自愿戒毒是主动戒毒。为此，要依法对自愿戒毒人员进行管理，保证其遵纪守法、服从管理、配合治疗，否则可以取消其自愿戒毒的资格并移送有关部门处理。

其次要规范管理。自愿戒毒中心应按照公安机关、卫生部门的有关规定，对接收自愿戒毒人员和治疗、卫生、生活、教育、安全等方面做出相应的规定，要求自愿戒毒人员遵守。同时，明确医生、护士、保安、辅导员的职责和纪律要求，做到规范管理、规范治疗、规范教育、规范生活，从而达到真正的戒毒目的。

最后要科学管理。吸毒者是违法者，同时也是受害者，是一种病人。自愿戒毒中心要采取一种既不同于强制隔离戒毒，又不同于社区戒毒的科学管理模式。科学管理主要体现在人性化治疗、教育和生活上。自愿戒毒中心要创造医院式、学校式、家庭式的戒毒环境，工作人员要对自愿戒毒人员进行精心治疗、耐心教育和热心服务。戒毒中心要保护戒毒人员的合法权益，对戒毒人员不打骂、不侮辱人格、不接受戒毒人员的贿赂，保护戒毒人员的隐私。自愿戒毒中心要采取“医教并举”的方法，使戒毒人员真正走上康复之路。

◎ 社区戒毒

1. 社区戒毒制度简介

社区戒毒就是指吸毒成瘾人员在社区的牵头、监管下，整合家庭、社区、公安以及卫生、民政等力量和资源，使吸毒人员在社区里实现戒毒。对吸毒成瘾人员，公安机关可以责令其接受社区戒毒，同时通知吸毒人员户籍所在地或者居住地的城市街道办事处、乡镇人民政府。戒毒人员应当在户籍所在地接受社区戒毒；在户籍所在地以外的现居住地有固定住所的，可以在现居住地接受社区戒毒。社区戒毒的期限为三年。

社区戒毒工作由城市街道办事处、乡镇人民政府负责实施，县级以上人民政府相关部门应当依法履行职责。城市街道办事处、乡镇人民政府应当确定负责社区戒毒的工作部门，可以制定有关基层组织，根据戒毒人员本人及其家庭情况，与戒毒人员签订社区戒毒协议，落实有针对性的社区戒毒措施。公安机关和司法、卫生、民政等行政部门应当对社区戒毒工作提供指导和协助。按照每20名吸毒人员配备一名戒毒专职人员的比例，配备社区戒毒专职人员，制定社区戒毒工作计划，指导成立社区戒毒工作小组，落实社区戒毒措施。

2. 社区戒毒的试用对象

对以下吸毒成瘾人员，公安机关可以责令其接受社区戒毒：

1. 因吸毒被公安机关初次查获，有固定住所和稳定的生活来源，具备家庭监护条件的；
2. 怀孕或者正在哺乳自己不满1周岁婴儿的；
3. 不满16周岁的；
4. 70周岁以上的；
5. 因患有严重疾病或者残疾，生活不能自理的；
6. 其他不适宜强制隔离戒毒的。

3. 社区戒毒制度的内容

根据我国《禁毒法》的规定，包括以下内容：

1 对吸毒成瘾人员，公安机关可以责令其接受社区戒毒，同时通知吸毒人员户籍所在地或者现居住地的城市街道办事处、乡镇人民政府。

2 戒毒人员应当在户籍所在地接受社区戒毒；在户籍所在地以外的现居住地有固定住所的，可以在现居住地接受社区戒毒。

3 城市街道办事处、乡镇人民政府负责社区戒毒工作。城市街道办事处、乡镇人民政府可以指定有关基层组织，根据戒毒人员本人和家庭情况，与戒毒人员签订社区戒毒协议，落实有针对性的社区戒毒措施。公安机关和司法行政、卫生行政、民政等部门应当对社区戒毒工作提供指导和协助。

4 对签订社区戒毒协议的人员，不收押，不限制人身自由。

5 社区戒毒的期限为三年。

6 城市街道办事处、乡镇人民政府，以及县级人民政府劳动行政部门对无职业且缺乏就业能力的戒毒人员，应当提供必要的职业技能培训、就业指导和就业援助。

7 接受社区戒毒的人员应当遵守法律、法规，自觉履行社区戒毒协议，并根据公安机关的要求，定期接受检测。

8 对违反社区戒毒协议的戒毒人员，参与社区戒毒的工作人员应当进行批评、教育；对严重违反社区戒毒协议或者在社区戒毒期间又吸食、注射毒品的，应当及时向公安机关报告。

9 对于接受社区戒毒的人员，不影响其工作，不影响其家庭生活，不给予任何处分，不在档案里做任何记载。

◎ 强制隔离戒毒

1. 强制隔离戒毒的对象

2007年12月全国人民代表大会常务委员会通过的《中华人民共和国禁毒法》规定，吸毒成瘾人员有下列情形之一的，由县级以上人民政府公安机关作出强制隔离戒毒的决定：

1. 拒绝接受社区戒毒的；
2. 在社区戒毒期间吸食、注射毒品的；
3. 严重违反社区戒毒协议的；
4. 经社区戒毒、强制隔离戒毒后再次吸食、注射毒品的。

对于吸毒成瘾严重、通过社区戒毒难以戒除毒瘾的人员，公安机关可以直接做出强制隔离戒毒的决定。吸毒成瘾人员自愿接受强制隔离戒毒的，经公安机关同意，可以进入强制隔离戒毒场所戒毒。

2. 决定程序

公安机关对吸毒成瘾人员决定予以强制隔离戒毒的，应当制作强制隔离戒毒决定书，在执行强制隔离戒毒前送达被决定人，并在送达后二十四小时以内通知被决定人的家属、所在单位和户籍所在地公安派出所；被决定人不讲真实姓名、住址，身份不明的，公安机关应当自查清其身份后通知。

被决定人对公安机关作出的强制隔离戒毒决定不服的，可以依法申请行政复议或者提起行政诉讼。

3. 执行场所

对被决定予以强制隔离戒毒的人员，由作出决定的公安机关送强制隔离戒毒场所执行。戒毒人员进入强制隔离戒毒场所戒毒时，应当接受对其身体和所携带物品的检查。

4. 执行规定

1 强制隔离戒毒场所应当根据戒毒人员吸食、注射毒品的种类及成瘾程度等，对戒毒人员进行有针对性的生理、心理治疗和身体康复训练。

2 根据戒毒的需要，强制隔离戒毒场所可以组织戒毒人员参加必要的生产劳动，对戒毒人员进行职业技能培训。组织戒毒人员参加生产劳动的，应当支付劳动报酬。

3 强制隔离戒毒场所应当根据戒毒人员的性别、年龄、患病等情况，对戒毒人员实行分别管理。强制隔离戒毒场所对有严重残疾或者疾病的戒毒人员，应当给予必要的看护和治疗；对患有传染病的戒毒人员，应当依法采取必要的隔离、治疗措施；对可能发生自伤、自残等情形的戒毒人员，可以采取相应的保护性约束措施。强制隔离戒毒场所管理人员不得体罚、虐待或者侮辱戒毒人员。

4 强制隔离戒毒场所应当根据戒毒治疗的需要配备执业医师。强制隔离戒毒场所的执业医师具有麻醉药品和精神药品处方权的，可以按照有关技术规范对戒毒人员使用麻醉药品、精神药品。卫生行政部门应当加强对强制隔离戒毒场所执业医师的业务指导和监督管理。

5 强制隔离戒毒的期限为二年。执行强制隔离戒毒一年后，经诊断评估，对于戒毒情况良好的戒毒人员，强制隔离戒毒场所可以提出提前解除强制隔离戒毒的意见，报强制隔离戒毒的决定机关批准。强制隔离戒毒期满前，经诊断评估，对于需要延长戒毒期限的戒毒人员，由强制隔离戒毒场所提出延长戒毒期限的意见，报强制隔离戒毒的决定机关批准。强制隔离戒毒的期限最长可以延长一年。

6 强制隔离戒毒可以为吸毒成瘾人员提供科学规范的生理脱毒、心理治疗，实施道德、法制教育，开展康复训练和职业技能培训，帮助戒毒人员戒除毒瘾，重返社会。

◎ 戒毒康复

戒毒是一项长期的、复杂的、艰巨的系统工程，因此，仅仅进行戒毒治疗是不够的，还需要较长时间的戒毒康复。《中华人民共和国禁毒法》规定，县级以上地方各级人民政府根据戒毒工作的需要可以开办戒毒康复场所，社会力量依法可以开办公益性戒毒康复场所。戒毒人员可以自愿在戒毒康复场所生活、劳动。

对于被解除强制隔离戒毒的人员，强制隔离戒毒的决定机关可以责令其接受不超过 3 年的社区康复。社区康复仍然由城市街道办事处、乡镇人民政府负责，在社区基层组织和家庭的关怀和帮助下继续巩固戒毒成果，恢复正常的工作、学习和生活。戒毒人员具有下列情形之一的，县级以上公安机关或者司法行政部门可以建议其到戒毒康复场所执行社区戒毒或社区康复：

1 无家可归或没有固定住所的；

2 无生活来源的；

3. 无业可就或者缺乏就业条件需要进行再就业培训的；
4. 不具备社区戒毒或者社区康复监护条件的；
5. 其他情况。

二、戒毒“九不要”

1. 不信特效

由于海洛因依赖者在脱毒治疗后复吸率高，患者及家人便希望有一种能根治毒瘾的特效药，于是许多人费尽心思挖掘古方。把戒毒的希望寄托在特效药上是错误的，因为药物依赖者需要调整的是人生态度和生活方式，对这一点，药物是无能为力的。

2. 不信传说

常听前来戒毒的患者说：某某地方有一种脱瘾的针，注射后就会出现一些四处摸索的动作，说是在寻找注射空针、药物，是在发药瘾，药瘾一过，身体里的毒就没有了。还有人说某种理疗方法可根治毒瘾，还有的人认为换血后可以根治……以上这些说法都是没有科学道理的。由于大多数吸毒者都有多次戒毒失败的经历，常常四处求医，容易轻信传说。

3. 不放纵

很多戒毒后的人均因放纵自己而成为复吸者。有人认为，吸一口不会上瘾；有的人则对自己说，吸最后一口，以后就再不去碰毒品，与毒品彻底决裂。这些想法是非常错误的。戒毒后绝对不能再去碰毒品，哪怕是一口也会使此前所有的努力功亏一篑。

4. 不乱投医

有资料证明，戒毒成功率的高低除了与社会支持、家庭关怀、良好的自制力和决心相关外，还与医生的医德、技术有关。戒毒者最好到正规的戒毒中心去治疗，一来可以得到国内比较先进的治疗药物和先进的治疗方法，更重要的是可以及时发现戒断反应中的并发症。

5. 不逃避

社会的支持是戒毒成功的重要保证。逃避现实，害怕结识新朋友，会使戒毒者重新回到以前的朋友圈子里，最终导致复吸。

6. 不要怀孕

女性吸毒者或者夫妻双方均吸毒的家庭，如果不能彻底戒除毒品最好不要生育，因为海洛因可致流产、早产和死胎。一些婴儿即使出生时成活，也会因体重不足、戒断综合征等原因而夭折。更为重要的是小孩的教育问题，吸毒者的家庭环境对小孩的成长极为不利。

7. 不要三弃

戒毒怕三弃：家人遗弃！社会唾弃！自暴自弃！

8. 不注射

有的人为了追求强烈的药效而滥用静脉注射。共用注射器、注射器不消毒、海洛因不纯、溶剂不清洁等可引起各种感染。

9. 不失信心

据悉，戒毒者一般要经过七八次戒毒后方能见成效。如果患者每次戒毒后均坚持减量，并不断总结经验，不懈地努力，就一定能见效。

/毒品与艾滋病/

一、艾滋病概述

1. 艾滋病

艾滋病的英文缩写为“AIDS”，医学全称“人类获得性免疫缺陷综合征”，是由艾滋病毒“HIV”引起的一种病死率极高的慢性传染病。艾滋病病毒侵入人体后，主要侵犯和破坏辅助性T淋巴细胞，使机体的细胞免疫功能受损，最后并发各种严重的机会性感染和肿瘤，最终导致死亡。

艾滋病病毒对外界环境的抵抗力比较弱，离开人体后，常温下只可生存数小时至数天。高温、干燥以及常用消毒剂都可以杀灭这种病毒。虽然目前还没有能够预防艾滋病的疫苗和治愈的药物方法，但已经有用于临床治疗的多种抗病毒药物能够有效地抑制人体内HIV病毒的复制，很大程度上缓解了艾滋病病人的症状和延长了患者的生命。

2. 艾滋病病毒和艾滋病病人

艾滋病病毒感染者是指感染艾滋病病毒，未出现临床症状或出现临床症状，但未达到国家规定的AIDS病例诊断标准者，包括HIV急感期、无症状期和艾滋病前期的患者。

艾滋病病人是指感染艾滋病病毒，出现临床症状，并达到国家规定的AIDS病例诊断标准的患者。

3. 艾滋病的传播途径

HIV传播的四个基本条件：一是病毒必须从感染者的身体排出；二是病毒必须处于能够存活的条件下；三是必须有足够多能引起感染的病毒；四是病毒必须进入另外一个人的血液中。

艾滋病病毒的传染途径有四种：静脉吸毒者共用被感染的注射器；与感染者的性接触；接受被感染者的血或血制品；妊娠围产期母婴之间的垂直传播。

那么为什么吸毒者中感染艾滋病的人这么多呢？吸毒者的构成以中青年、文化程度低、卫生观念淡薄者为多。乡村和边疆地区的吸毒者也不少。由于海洛因的成瘾性，吸毒者通常走向静脉注射毒品方式吸毒的道路，吸毒者毒瘾发作时总是急不可待地由静脉推入海洛因溶液。由于卫生观念差和吸毒者成群接触，一个注射器常常反复使用或多人共用，只要一个是艾滋病毒的感染者，病毒便可通过此途径进入其他人体内。另一个原因是不少女性吸毒者为了购买毒品而“以淫养吸”，这些人对性交如同家常便饭一样随意。这两个原因无疑使吸毒者的艾滋病病毒感染率增高。从人类认识疾病以来，很少有疾病会像艾滋病传播这样迅速。据世界卫生组织保守估计，美国1981 ~ 1991年艾滋病感染人数达1000万，而亚洲地区已超过50万，并且仍在迅速蔓延。因此，在吸毒人群及高危人群中宣传有关艾滋病的知识已经成为预防艾滋病的最根本措施之一。

4. 吸毒人群中艾滋病的预防

根据国内外大量流行病学调查，吸毒者在初始吸毒时一般以烫吸方式为主，但绝大多数吸毒者或早或迟会发展成为注射方式吸毒。中国药物依赖性研究所在对西南四地区吸毒者吸毒行为的调查中发现，吸毒者在吸毒后平均 1.3 年从烫吸方式吸毒转为注射方式吸毒。绝大多数吸毒者有艾滋病感染、传播的高危行为，这些高危行为包括：注射方式吸毒、共用注射器、非婚性行为、性活动不戴安全套、性伙伴中多数是艾滋病感染高危人群等。我国目前艾滋病感染者中，有大约 70% 是吸毒者；这些人既是吸毒者，同时又是艾滋病病人，如果不能很好控制，势必会导致艾滋病的进一步蔓延，造成更为严重的公共卫生问题和社会问题。

要想预防艾滋病在吸毒者中流传，就要从以下几个方面做好预防工作。

● 对吸毒者进行艾滋病知识宣传

通过戒毒所、社区、家庭向吸毒者介绍艾滋病感染和传播途径，尤其要充分利用吸毒人员在戒毒所时容易管理的机会认真宣传；同时有必要对每一位注射式吸毒者进行艾滋病检测，原因是：据报道，我国有接近 90% 的感染者自己不知道已感染 HIV。在我国，静脉注射毒品是 HIV 的主要传播方式。因此在静脉注射毒品者中，要教育他们改变行为方式，如教育他们放弃吸毒，如果做不到，请不要静脉注射毒品，如果仍然采用静脉注射方式，不要与其他人共用注射器，如果共用请对注射器消毒。同时教育吸毒者不要卖淫嫖娼，尽量避免去吸毒场所或娱乐场所，以免引起复吸。如果有性行为，应坚持每次用安全套。为了改变吸毒者的行为方式，有些地区已经开展了针具交换的试点工作。

● 推广美沙酮维持疗法

由于吸毒者在身体脱毒结束后，复吸率相当高。目前从世界范围来讲，美沙酮维持疗法是较好的对抗复吸的措施。实践也表明，美沙酮维持疗法可以减少或停止静脉注射毒品，从而减少静脉注射吸毒者中共用注射器造成的HIV传播。据悉，卫计委在全国多地设立了数百个美沙酮替代治疗的门诊。

● 提倡安全性行为

推广使用安全套计划，不仅要向吸毒者推广，同时也要在娱乐场所、宾馆增加安全套的可获得性，并且加强对这些场所预防艾滋病的宣传力度。

● 继续加强无毒社区建设，建立心理咨询中心

进一步加强社区内关于吸毒与艾滋病的宣传，如挂图和发宣传单；将无毒社区建设落实到基层组织中，这需要综治办、文明办、妇联、团委及调动社会各界协调配合。同时，应建立吸毒者心理咨询中心，可以通过聘请医院或大学中的心理医生开展讲座，这样可以避免帮教时精力不足导致的问题和缓解吸毒者的顾虑、抵触情绪等矛盾。通过心理咨询，加强预防吸毒与艾滋病的宣传，减少复吸率和艾滋病感染率。

● 加强相关法制建设

各部门仍要坚决打击贩卖、吸食毒品和卖淫嫖娼的违法犯罪行为，从源头上遏制吸毒与艾滋病的传播。对于明知自己已患艾滋病但仍然从事卖淫嫖娼行为的，应予以严厉打击。同时，加强主动救援吸毒的艾滋病人。艾滋病研究专家邱仁宗教授也曾指出，中国目前尚缺乏法律法规来应对对艾滋病感染者及高危人群的歧视。强有力的、可实施的、具有象征意义的法律力量既不会阻碍对艾滋病流行的有效应对，又能够支持和促进其他政策的开展。

加强农村人口的宣传教育

根据调查资料显示，部分地区将近1/4的吸毒者为农民，说明目前一些农村中的吸毒问题不容忽视。在我国14亿人口中有9亿多农民，鉴于我国农民文化程度普遍不高，农村地区信息、知识传播和医疗卫生水平相对较落后以及经济欠发达的现状，加之流动性大的特点，预计农村农民和城市中的农民工有可能成为目前和今后一段时间最大的潜在艾滋病感染高危人群。因此，继续大力加强对农村，特别是偏远地区和毒品流行地区农村农民以及城市外来务工人员的艾滋病预防教育和高危人群的干预，这已成为遏制艾滋病在我国快速流行的一个关键环节。

第3章 参与禁毒

毒品预防教育

一、毒品预防教育概述

◎ 毒品预防教育的概念

毒品预防教育是指通过各种途径让人们了解和认识造成毒品问题的基本因素和相关知识，揭示毒品对个人、家庭和社会的危害，提高全民“识毒、拒毒、防毒”的能力，鼓励公安机关、团体和个人积极参与禁毒斗争，从而构筑全社会防范毒品侵袭的有效体系。

◎ 毒品预防教育的主体及对象

毒品预防教育的主体不仅包括各级禁毒领导机构、公安、宣传、广播电影电视、教育、卫生、民政、司法等部门，还包括乡镇基层政府、村民委员会、街道办事处、居民委员会等基层组织，还包括禁毒志愿者及广大人民群众，等等。

毒品预防教育的对象可分为一般对象与重点对象。所谓一般对象，是指不论男女老幼、干部群众、有业无业、有无前科、吸毒者或非吸毒者等等，都是毒品预防教育的对象。全体社会成员，都应该无条件地接受毒品预防教育，都应该了解和懂得有关禁毒的基本常识，树立禁毒意识，积极响应并自觉参与各种禁毒活动。所谓重点对象，是指涉毒高危人群及毒品违法犯罪分子。从对吸毒人群进行的实证分析来看，青少年、流动人口、文化程度低者、无业人员等是涉毒的高危人群。对于重点对象，应加大教育力度和教育的针对性。

◎ 毒品预防教育的内容与途径

毒品预防教育的内容一般包括：

1. 禁毒历史：包括中外禁毒简史，国内外禁毒斗争现状等；
2. 毒品知识：包括毒品的概念、分类、不同性状与特征等生理危害、心理危害、社会危害等；
3. 成瘾机理：包括吸毒成瘾的机理、吸毒者的躯体特征和心理特征、吸毒的早期发现等；
4. 毒品违法犯罪与禁毒法律、法规对毒品违法犯罪活动的处罚；
5. 戒毒知识：包括生理戒毒、心理戒毒、戒毒的原理、戒毒机构介绍等；
6. 禁毒意识：包括了解掌握一定的识毒、防毒、拒毒的策略与技能等。

毒品预防教育既要充分利用报刊、广播、电视、互联网等大众传媒的功能，又要善于发挥标语、墙报、招贴画、文艺演出等群众性宣传方式的作用；既可采取专题讲座、课堂讲授等形式，又可采取谈话、讨论等形式。方法可以多种多样，形式可以丰富多彩，关键是因地制宜，务求实效。

二、社区毒品预防教育

社区是进行一定的社会活动、具有某种互动关系和共同文化维系力的人类群体及其活动区域，包括居民小区或街道居委会辖区。

社区毒品预防教育是指利用电视、广播、报纸等媒体向社会公众开展的一般性毒品预防教育，具有影响大、辐射广的特点。社区毒品预防教育的对象主要是无业人员，可以巩固和加强社会面上和学校教育的成果，对减少新生吸毒人员的滋生具有直接作用。参与社区毒品预防的组织包括社区福利组织、志愿者组织、慈善组织、就业服务中心、法律援助中心、心理咨询中心等社会团体组织，居民委员会、村民委员会等基层群众自治组织、企事业单位等。

作为基层群众自治组织，居民委员会和村民委员会的日常工作贴近百姓，与社会团体和企事业单位有着广泛密切的联系，熟悉辖区的常住居民和流动人口的基本情况，在开展有针对性地禁毒宣传教育和落实各项禁毒防范措施方面有着得天独厚的有利条件。社区组织一方面担负着禁烟戒毒工作，帮助吸毒成瘾人员尽快戒毒；另一方面要做好本辖区的毒品预防宣传教育工作，减少或杜绝新生吸毒、贩毒人员。近年来，国家禁毒委员会部署“无毒社区”创建活动就是居民委员会和村民委员会加强对本社区居民、村民毒品预防教育的成功经验。

社区毒品预防是整个毒品预防教育体系的重要组成部分，目标是力图减少毒品泛滥的机会，减少社会受到毒品违法犯罪活动的侵扰。社区毒品预防的目标是谋求通过动员社区内的一切有利资源，改善吸毒人员的生活环境，增强对吸毒者的人文关怀，以减少吸毒行为的发生，创建“无毒社区”。近年来，比较常见的做法是结合创建安全文明小区、安全文明村寨和“无毒社区”的活动来开展。但是，总体而言，社区毒品预防教育仍然是我国整个毒品预防教育工作中最薄弱的环节。

 三、“无毒社区”概述

◎“无毒社区”的概念

所谓“无毒社区”，是指无吸毒、无贩毒、无种毒、无制毒的小型社区。1999年8月，国家禁毒委员会在内蒙古自治区包头市召开全国禁毒工作会议，部署开展创建“无毒社区”工作，标志着我国“无毒社区”的创建工作正式拉开帷幕。创建“无毒社区”活动就是以禁吸戒毒工作为重点，把禁吸、禁贩、禁制、禁种工作的各项目标、任务、措施和责任落实到社区党委、政府、各职能部门、公安派出所和居民委员会等基层组织。农村以乡镇为基本单位，城市以街道、居民委员会为基本单位，然后积小区为大区，积小胜为大胜，逐步扩大“无毒社区”的范围，实现一县、一市、一省乃至全国禁绝毒品的目标。

◎“无毒社区”创建的意义

开展创建“无毒社区”活动，适合我国国情，符合全民动员、综合治理的战略要求，是持久见证禁毒人民战争的有效载体。

首先，开展创建“无毒社区”活动可以广泛动员广大人民群众，深入持久地开展禁毒的人民战争。

其次，开展创建“无毒社区”活动可以改变政府职能部门单一的禁毒行为为党委、政府领导下的全社会行为。

再次，开展创建“无毒社区”活动可以突破禁吸戒毒这一关键问题。禁毒工作的最大难处就在于禁吸难，戒毒巩固更难。开展创建“无毒社区”活动可以最大限度地落实对社区内每个吸毒人员的监控和帮教工作。

最后，开展创建“无毒社区”活动可以带动“两个结合”。开展创建“无毒社区”活动能够使社区组织把教育、打击、防范、管理等各项禁毒工作结合在一起，并狠抓各项工作措施的落实。同时，有利于禁毒工作与社区两个文明建设的结合，带动社区经济、政治等全面建设的发展。

◎ 创建“无毒社区”的方法与步骤

1. 因地制宜，制定方案

在创建“无毒社区”工作中，要紧紧围绕着“无吸毒、无贩毒、无种毒、无制毒”这个总目标，结合本区域毒品违法犯罪的实际情况，制订出实际可行的实施方案。实施方案的主要内容包括：创建的目标任务、组织领导、防范步骤、工作措施、评估标准、奖惩办法、工作要求等。制度实施方案要有的放矢，重点解决突出的毒品问题，不能“一刀切”。

2. 摸清底数，动员部署

开展调查摸底工作，要依靠居民委员会、村民委员会和公安派出所、单位保卫部门等基层组织，组成专门力量，分片包干，逐人、逐户、逐单位、逐街区进行调查，不留死角，不漏一人。通过调查，彻底搞清楚辖区内哪些社区有毒品问题，哪些社区没有毒品问题。对于有毒品问题的社区，通过调查，全面掌握社区毒情，确定工作重点。对社区涉毒人员一律登记造册，建档立卡。召开动员部署大会，党政主要领导要亲自部署、做动员。要采取多种形式宣传创建“无毒社区”工作的重要意义，充分发挥各部门的作用，广泛动员社区公众参与创建活动。当地政府要发布公告，责令吸毒人员主动到公安机关登记，责令非法种植毒品原植物的违法人员将种植的毒品原植物铲除，责令毒品犯罪人员投案自首。

3. 抓住重点，落实措施

对于摸底调查后确定不存在毒品问题的地区，要采取如下有效措施确保无毒成果：一要经常开展调查研究工作，随时掌握周围地区毒情对本地区的影响，并及时作出工作部署；二要大力开展禁毒宣传和预防教育工作，特别是对青少年和易染毒高危人群开展经常性的预防教育工作，防止毒品违法犯罪的发生；三要加强禁毒执法工作，采取各种措施堵住毒品来源，防止毒品流入。

4. 对于目前已经存在毒品问题的地区，要在社区内全面落实宣传、戒毒、帮教、控制、调查等创建措施

具体做法如下：

● 开展禁毒宣传工作，减少新吸毒人员的滋生

要组织各方面的力量，利用各种媒体，通过多种形式，在机关、学校、

居民小区、公共场所开展广泛的禁毒宣传教育工作，提高社区公众的拒毒能力，并主动检举、揭发毒品违法犯罪活动。

- 加大强制戒毒、劳教戒毒力度，提高戒毒效果

社区要配合有关部门做好对吸毒人员强制戒毒和对复吸人员劳教戒毒的工作。强制戒毒所要抓好生理脱毒、心理矫治、体能恢复、劳动康复、深挖犯罪、跟踪调查等几个环节的工作。在戒毒人员戒毒期满出所时，要做好戒毒人员家属、所在单位、居民委员会、村民委员会和户口所在地、暂住地公安派出所的检查帮教工作。

- 严格落实社会帮教措施，降低复吸率

社区内要成立由公安派出所、居民委员会、村民委员会、家庭、单位、学校等组成的帮教小组，逐人落实帮教措施，开展帮教工作。一要明确帮教各方责任；二要明确帮教对象情况，确定帮教方法；三要及时掌握帮教对象思想动态、经济来源、交往关系、生活规律、来往去向、现实表现等变化；四要切实解决帮教对象就业、婚姻、生活等方面的困难；五要定期不定期地对帮教对象进行尿检；六要充分发挥工会、共青团、妇联等群众组织及离退休干部在帮教工作中的作用。

- 严格控制社会面，有效防止毒品问题的发生

公安机关要按照有关规定管理涉毒人员，社区要加强对涉毒高危人群的管理，防止其染毒；要加强对公共服务及娱乐场所的管理，防止滋生吸贩毒活动；要加强非法种植毒品原植物重点部位的检查，落实禁种责任制，禁绝毒品原植物的非法种植；要配合有关部门加强对生产、经营、使用、储存麻醉药品、精神药品和易制毒化学品单位的管理，防止流入非法渠道。

● 加强调查工作，及时发现和打击毒品违法犯罪活动

社区要掌握吸毒贩毒窝点、毒品加工点、零星毒品交易场所和非法种植毒品原植物活动的情况；及时发现新滋生的吸毒人员；及时掌握外逃涉毒人员的情况，配合公安机关开展打击制毒贩毒犯罪工作，铲除毒品原植物，依法处理非法种植毒品原植物人员。

四、创建“无毒社区”典型案例

几乎每个节假日，河南省第一强制隔离戒毒所干警都要来到郑州市多个社区，向居民们宣传“拒绝毒品、健康生活”理念。

河南省第一强制隔离戒毒所作为全省最早开展戒毒矫治的省级专业戒毒机构，该所始终坚持不懈地开展禁毒宣传。该所与市内多个社区签订了共建“无毒社区”协议，结为警民共建单位，由一线干警轮流在节假日里携带宣传展板及戒毒宣传资料，向群众进行禁毒公益宣传和普法教育。禁毒戒毒，不单单是政法机关的责任和义务，更应当是每一个有良知、有担当的公民应尽的义务。在日常工作、生活中，每一个公民有责任当好禁毒宣传员和监督员，向身边的人宣传禁毒、戒毒知识。如果发现身边有贩毒、吸毒现象，应利用一切途径及时向有关部门举报，坚决捍卫健康和谐的家园。

染上毒瘾怎么办？能不能戒掉？这是大家普遍关心的话题。河南省第一强制隔离戒毒所干警向群众解释说，要到正规戒毒机构进行戒毒，服从戒毒机构的管理，只要意志坚定，再加上科学治疗，戒毒会成功的。戒毒人员是违法者、毒品的受害者，也是特殊的病人，对曾经误入歧途的他们，不能有歧视行为，要鼓励他们、督促他们坚定戒毒信念、树立新生希望，彻底摆脱毒魔的控制。

河南省司法厅厅长认为，禁毒工作难就难在禁吸难，戒毒巩固更难，开展创建“无毒社区”活动，能最大限度地落实对社区内每个吸毒人员的监控和帮教工作，将支持和鼓励全省强制隔离戒毒所通过与社区开展共建活动，不断创新禁毒宣传模式，教育、影响、带动广大群众参与禁毒工作，切实提高平安禁毒宣传的成效。

五、预防吸毒“六不要”

1. 不要因遇事不顺而“借毒消愁”，要乐观面对人生坎坷。
2. 不要放任好奇心与抱有侥幸心理，要对毒品坚决说“不”。
3. 不要与染毒人员有任何接触，更不要接受他们的“施舍”。
4. 不要在涉毒场所逗留。
5. 不要听信所谓的毒品“包治百病”“欲仙欲死”等鬼话。
6. 不要对毒品及涉毒人员搞盲目崇拜。

禁毒志愿者

一、我国青年志愿者行动

志愿服务是文明社会不可缺少的组成部分，是指社会成员自愿贡献个人的时间和精力，不享受任何物质报酬，为推动人类发展、社会进步和社会福利事业而提供服务的活动。志愿服务是世界人道主义援助计划、技术合作、改善人权、促进民主与和平的重要组成部分，渗透于消除文盲、免疫和环境保护等诸多社会运动领域。

青年志愿者行动是我国志愿者服务的主要内容，是体现中华民族助人为乐和扶贫济困的传统美德的高尚事业。1993年年底，共青团中央决定实施中国青年志愿者行动，并于1994年12月5日成立了中国青年志愿者协会。随后，青年志愿者行动迅速在全国展开，青年志愿者行动不断发展，志愿服务的领域不断扩大，志愿者队伍日益壮大。1998年8月，团中央青年志愿者行动指导中心成立，负责规划、协调、指导全团的青年志愿服务工作。

志愿服务正在成为新的社会风尚，志愿者行动符合时代发展的潮流，符合人民群众的需要，蕴藏着巨大的发展潜力，呈现出旺盛的生命力和广阔的发展前景，是社会主义市场经济中一项生机勃勃的事业，许多青年和社会各界群众正积极加入志愿者行列。

志愿者服务在全社会弘扬“奉献、友爱、互助、进步”的志愿者精神，倡导时代新风正气，致力于建立互助友爱的人际关系和良好的社会公德，推动社会主义精神文明建设；致力于帮助有特殊困难的社会成员，推动社会保障体系的建立和完善；致力于消除贫困和落后，消灭公害和环境污染，普及科学文化知识，促进经济社会协调发展和全面进步；立足于社会关注、党政关心、青年能为的社会公益事业，是动员和组织青年参加社会主义精神文明建设的有效载体。

二、禁毒青年志愿者及其组织

◎ 禁毒志愿者概述

大力发展禁毒志愿者，深入开展禁毒志愿者行动，是国家禁毒委员会的重要部署。各地禁毒志愿者组织应允许并鼓励戒毒成功人员参与禁毒志愿者服务工作。

禁毒志愿者行动是禁毒志愿服务工作的重要组成部分。禁毒志愿者行动可以有效激发广大青年参与禁毒工作的积极性，有力促进禁毒宣传教育和帮教戒毒人员等多方面的工作，是青年参与禁毒斗争的重要载体，也是开展毒品预防教育的一种新机制。

禁毒志愿者需要满足一定的条件：年满 18 周岁，具有社会责任感和奉献精神，遵纪守法，热心禁毒工作，每年自愿参加 48 小时以上的禁毒志愿者服务工作，具有合法的身份证明，具备相应的体能和服务技能。志愿者可向所在地禁毒志愿者组织提出申请，经接受申请的禁毒志愿者组织批准后，依照招募程序和办法可以正式吸收为禁毒志愿者，并由中国禁毒志愿者行动协调办公室或其授权的机构发给禁毒志愿者证书。

禁毒志愿者应当隶属于一定的组织，禁毒志愿者组织是指服务于禁毒工作的公益性群众组织。根据《国家禁毒委、共青团中央、全国总工会、全国妇联关于推动禁毒志愿者行动的通知》的要求，在全国禁毒委员会的领导下，国家禁毒委员会办公室会同共青团中央、全国总工会、全国妇联成立中国禁毒志愿者行动协调办公室，负责对全国禁毒志愿者工作的协调、指导。各地要根据禁毒工作的需要，建立不同规模的禁毒志愿者组织，禁毒工作任务较重的地区要率先建立。各级禁毒部门和共青团中央要加强对禁毒志愿者组织的管理。各地禁毒志愿者组织要按照我国的相关法律法规、中国青年志愿者协会的章程等相关规定制定自己的章程，并在上级组织的领导下依照章程开展工作。

◎ 禁毒志愿者的服务项目

禁毒志愿者的服务项目主要是开展禁毒宣传和预防教育工作，关心、帮助戒毒人员彻底戒断毒瘾，协助、配合禁毒主管部门开展相关的禁毒工作。具体内容包括以下几个方面：

一是开展多种形式的毒品及其危害的宣传和预防教育工作；

二是参与我国禁毒方针及法律法规的宣传教育工作；

三是深入基层，参与目标社区的禁毒、戒毒、拒毒、防毒等项目的宣传和预防教育工作；

四是积极招募禁毒志愿者，特别是要鼓励教师、医生、律师、新闻工作者、社会工作者等有专业特长的人员立足岗位或利用业余时间参与禁毒工作，并成为禁毒志愿者组织的骨干力量；

五是帮助社区内戒毒人员彻底戒断毒瘾，重返社会；

六是参与禁毒志愿者协会和当地禁毒部门组织的其他活动。

此外，禁毒志愿者组织还应发挥其组织领导职能，中国禁毒志愿者行动协调办公室每年重点推动一至两项全国性的禁毒志愿者服务项目；各地禁毒志愿者组织应结合本地区禁毒工作的实际，开展具有地区特色的禁毒志愿者服务活动；各地禁毒志愿者组织还要大力宣传禁毒志愿者行动的成功经验和禁毒志愿者典型人物和事例，进一步弘扬禁毒志愿者的服务精神，鼓舞更多的人参与到禁毒志愿者队伍中来。

◎ 禁毒志愿者的权利

1. 参加有关禁毒志愿服务活动的权利；
2. 接受禁毒方面知识的教育和培训的权利；
3. 提供禁毒志愿服务时要求组织提供必要的物质保障和安全保障的权利；
4. 对禁毒志愿者组织提出批评、建议和意见并进行监督的权利；
5. 请求禁毒志愿者组织帮助解决在志愿服务活动中遇到的即时困难和问题的权利；
6. 有困难时优先获得志愿服务的权利；
7. 要求禁毒志愿者组织维护青年志愿者自身合法权益的权利；
8. 获得禁毒志愿者组织奖励的权利；
9. 退出禁毒志愿者组织的权利；
10. 禁毒志愿者组织规定的其他权利。

◎ 禁毒志愿者的义务

1. 履行禁毒志愿服务承诺；
2. 遵守国家法律法规和禁毒志愿者的章程、其他制度；
3. 参加禁毒志愿者组织安排的志愿服务活动；
4. 不损害被服务者的合法权益；
5. 不以禁毒志愿者的身份从事营利性或违背社会公德的活动；
6. 维护禁毒志愿者组织和禁毒青年志愿者的声誉和形象；
7. 每年参加不少于 48 小时禁毒志愿服务活动；
8. 奉行中国青年志愿者奉献、友爱、互助、进步的原则；
9. 自身远离毒品；
10. 相关法律法规及团组织、志愿者组织规定的其他义务。

三、社区群众参与禁毒

国家禁毒办的数据显示，2015 年，全国共破获毒品刑事案件 16.5 万起，抓获毒品犯罪嫌疑人 19.4 万名，缴获各类毒品 102.5 吨，同比分别增长 13.2%、15% 和 48.7%。

而过去一年来，全国共破获毒品犯罪案件 11.3 万起，其中跨省毒品大案 1000 余起，抓获毒品犯罪嫌疑人 13.4 万名，打掉制毒工厂、窝点 593 个，缴获海洛因 6.6 吨、冰毒 22.6 吨、氯胺酮 16.4 吨。破获制毒物品犯罪案件 531 起，缴获易制毒化学品 1566 吨。此外，一年来，全国共查获吸毒人员

85.9万人次，强制隔离戒毒32.3万人，执行社区戒毒社区康复人员27.9万名，累计帮扶人员46.7万名。

虽然我国的禁毒工作取得了重大进步，但不可否认的是，我国目前的禁毒形势依然严峻，毒品蔓延呈现反复性、隐蔽性、易制性、欺骗性等特点，并且，禁毒工作的艰巨性、紧迫性、复杂性等难点依然会长期存在。

要切实做好禁毒工作，就要高位求进，在党委、政府的重视下促进机构的整合和健全，聚集各单位力量共同推动禁毒工作开展；要有力打击形成震慑，重视对隐蔽制毒场所的发现和清除，重视对小宾馆、歌舞厅、出租房、地下室等隐蔽性容留吸毒场所的摸排和打击，重视对贩毒渠道的掌握和斩断；要创新宣传完善教育，在党校、大中院校等教育场所设立禁毒教育基地，让凡是在学校学习的人都接受到禁毒教育；要扎实开展社区禁毒工作，吸毒人员既是违法者也是受害者，有必要进行教育和帮助，基层社区戒毒机构能够有效帮助这一部分人回归正途重回社会；要多部门联动合力推进，致力于整合和发挥不同部门的职能作用，想办法让各有关单位真正参与到禁毒工作中来，联合各个领域优势互补相互拉动，有机联动集中发力；要联合群众打响人民战争，积极发动群众的力量，拓展举报渠道，宣传禁毒意义，激发群众积极参与禁毒工作的积极性和责任感，把禁毒工作上升到事关国家安危、民族兴衰、人民福祉的高度，坚定不移地打赢人民禁毒战争。

面对当前严峻的禁毒形势，我们要充分利用好社区戒毒这张“牌”，切实提高群众参与禁毒的广度和深度，为构建和谐社会，打好禁毒人民战争加上了重重的砝码。这几年，北京市朝阳区警方破获多起明星吸毒等大案、要案，其中不少线索来自“朝阳群众”的举报，“朝阳群众”名噪一时，众多涉毒案件均未逃过群众的法眼。毒品问题事关国家安全、民族兴衰、人民福祉。一直以来，党和国家高度重视禁毒工作，并在禁毒各领域取得了丰硕成果。但是，受国际毒潮泛滥和国内多种因素影响，我国毒情形势也在发生深刻变化，特别是吸毒人员不断增多、吸毒群体更加多元化、隐蔽性更强等问题愈加突出。面对严峻的禁毒形势，除了大力推进毒品预防教育，提高群众禁毒意识外，还必须把发动群众参与、监督、举报作为开展禁毒工作的重要举措。

禁毒工作，不只是某些特定人群的任务，仅仅依靠权力机关，容易抓大鱼漏虾米。同时禁毒工作需要更多“朝阳群众”参与进来。全民都参与禁毒，这样就能发动社会力量，让广大的人民群众充当权力机关的“眼睛”，抓大鱼的同时也不漏掉虾米，将贩毒、吸毒人员一网打尽。各级党委政府要结合禁毒人民战争，出台和完善毒品违法犯罪举报和奖励办法，同时，要进一步做好相关保护、保密措施，激活社会“禁毒细胞”，激励更多的“朝阳群众”加入这场“禁毒战役”中，让涉毒违法犯罪分子成为“过街老鼠，人人喊打”。“团结就是力量”，要把行政力量、社会力量拧成一股绳，拴住“毒品”这只猛兽。

社区群众参与禁毒的典型就是广东省河源市。2015年年底以来，河源市委、市政府积极构建“党政主导、禁毒委主抓、公安主打、部门配合、社会参与”的工作格局，按照“属地管理”原则，明确了市、县（区）、镇（街）、村（居）四级书记齐抓禁毒工作，责任到“人”到“户”，并广泛发动群众，打响“全民禁毒”战。按照紫金县委书记提出的自上而下贯彻“严防死守”的要求，南岭镇将禁毒工作纳入镇村干部量化考核，镇与村、村与家庭户分别签订《禁毒责任书》，将禁毒责任、任务层层分解，明确到人，实行镇主要领导包片，镇其他领导包村，村（居）干部包自然村，村民小组长、村治安员、护林员包山头的包干责任制，巡查清查不到位，敷衍了事的现象还给予通报批评，甚至“一票否决”。此外，南岭镇还额外增加经费补贴，将11

名护林员发展成了重点禁毒力量。除了紧紧抓住重点部位巡查外，吸毒人员更是重点监管对象。村内红色手写禁毒标语随处可见，举报有奖公告贴到了每家每户的外墙上，甚至连村民家中正堂上的“福”字年历上，也印制了朗朗上口的识别制毒窝点顺口溜。这样一来，老百姓的警惕性提高了，成为公安机关禁毒的“千里眼”“顺风耳”，这场禁毒战将打得更加有效。

社区戒毒任重道远，在开展社区戒毒工作过程中还需注意三个要点，以更好地发挥社区戒毒的作用。

首先，社区戒毒工作要创新宣传教育模式

相较于传统的政府部门的宣传教育模式，社区戒毒更需要求变创新、最贴近群众的宣传教育活动，起到“渗透式”的禁毒效果。在丰富多彩的社区活动中加入“禁毒元素”，宣传禁毒法律，普及禁毒知识，更容易得到社区居民的响应，在居民的口耳相传中，为更多群众所接受；做到扩大禁毒宣传教育覆盖面，减少死角盲区，寓“禁”于乐，增强实效。社区戒毒的宣传教育工作不但能让人“入眼、入耳”，更能深入人心，让百姓群众真正树立起正确的防毒、禁毒意识。

其次，社区戒毒要充分发挥禁毒志愿者的积极作用

禁毒志愿者作为最庞大的禁毒工作群体，是社区戒毒的中坚力量。他们能时常与社区戒毒、社区康复人员谈心交流，还可以为他们解决生活难题，提供帮助，让吸毒者尽快走出吸毒阴影。家常式的交流，全方位的帮扶，稳定了吸毒者的心理，也让吸毒者看到生活的曙光。戒毒者的高复吸率一直是禁毒工作中的一个大问题，禁毒志愿者能够在日常生活中监督戒毒者是否复吸，在必要时，疏导吸毒者的心理，杜绝吸毒者日后复吸的可能。并且在开展社区戒毒工作当中，社区各种戒毒活动都少不了禁毒志愿者的参与和协助。

因此，禁毒志愿者广泛参与社区戒毒的格局，是全面禁毒工作取得良好效果的有力保障。

- 最后，完善奖励机制，提高社区群众禁毒积极性

目前，有公安机关和一些地方出台了相应措施，奖励能够发现涉毒犯罪活动并举报的个人，并严密保护举报人的个人隐私，保障举报人的人身安全，这也是鼓励群众参与禁毒人民战争的一个很好的做法，因为专群结合是治理社会的重要手段。

四、禁毒宣传"六进"活动

在"6·26"国际禁毒日来临之际，相关部门要着力以青少年、特殊群体和合成毒品为重点，大范围开展禁毒宣传"六进"活动，不断增强辖区群众识毒、防毒、拒毒的意识。

1. 禁毒宣传进单位

通过摆放展板、发放禁毒宣传册等形式，向辖区内各单位干部职工讲解什么是毒品、毒品的基本特性、吸毒的危害等，切实调动广大干部职工参与和支持禁毒工作的热情，为动员全民参与禁毒、深化禁毒工作起到推动作用。

2. 禁毒宣传进企业

街道综治办工作人员要走进企业，通过设置宣传台、悬挂横幅向企业职工介绍常见毒品的种类、毒品的危害性以及学习禁毒知识的意义，并就《禁

毒法》、国家禁毒法律法规以及《易制毒化学品管理条例》进行宣讲。

3. 禁毒宣传进学校

结合预防青少年违法犯罪工作、“青少年与合成毒品危害”主题宣传活动，联合辖区派出所在辖区小学向学生及家长宣传毒品知识、毒品危害等，尤其要告诫他们消除对合成毒品“危害小、不上瘾”的认识误区，有效引导青少年学生及家长树立远离毒品、珍爱生命的意识。

4. 禁毒宣传进社区

通过在辖区主要路段、小区周边等醒目位置悬挂禁毒宣传横幅和宣传标语等。

5. 禁毒宣传进物流快递行业

针对毒品违法犯罪利用快递运输毒品的新手段，为规范物流寄递行业禁毒工作秩序，要全面对邮政、快递、运输等物流快递行业进行禁毒宣传教育，切实提高物流快递公司工作人员的禁毒意识。

6. 禁毒宣传进家庭

开展“拒毒、防毒，家家有责”和“不让毒品进家庭”等为主题的禁毒宣传进家庭活动，组织社区工作者深入居民家中，向居民讲解毒品对社会、家庭、个人的危害，向居民发放“珍爱生命，远离毒品”禁毒宣传手册，进一步提高辖区居民对毒品的认知能力和举报毒品违法犯罪的意识。

社会组织禁毒防范

一、发动社会组织开展禁毒宣传教育工作的重要性

禁毒工作是一项复杂、庞大的社会系统工程，仅靠职能部门的努力，是不可能取得成功的。因此，必须通过政府及其相关部门的禁毒工作，机关、企事业单位和公民在禁毒活动中的义务，形成党委、政府统一领导，禁毒委员会组织协调，有关部门各负其责，全社会广泛参与的禁毒工作格局。

禁毒宣传教育是指通过各种途径让人们了解和认识造成毒品问题的基本因素和有关知识，揭示毒品对个人、对家庭、对社会的巨大危害，提高全民尤其是青少年认知毒品、拒绝毒品的能力，从而构筑全社会防范毒品侵袭的有效体系。禁毒的关键在于唤起民众。提高全民禁毒意识是一项治本之策和战略任务，因此要在全体国民中广泛深入地开展禁毒宣传教育。做好禁毒宣传教育没有单一的模式及方案，也不能单靠一个部门去推动。禁毒宣传教育是必须要持续地、有远见地、与时并进地，也有如春风化雨般地教育年轻一代选择健康生活，珍惜自己的生命。禁毒宣传教育不一定像打了预防针般于短期内发生作用，或许要经过很长的时间才见到效果，但我们要肩负着禁毒宣传教育的使命感，让预防信念及行动深入民心，让更多人关注毒品问题，参与到打击毒品的行动中来。

二、关于开展禁毒宣传教育的法律规定

◎ 有关单位在禁毒宣传教育工作中的职责划分

为组织、协调有关部门和单位并动员全社会的力量开展禁毒斗争的职责，充分发挥国家禁毒委员会各成员单位的职能作用，各司其职，各负其责，协作配合，共同搞好禁毒工作，国家禁毒委员会于2000年10月下发《国家禁毒委员会成员单位主要职责》明确规定了国家禁毒委员会成员单位在禁毒工作中的主要职责，其中涉及禁毒宣传教育工作的主要有以下部门：

公安部：掌握毒品违法犯罪动态，研究制定预防对策；组织、指导、监督禁毒宣传教育。

中央宣传部：宣传党中央、国务院及国家禁毒委员会有关禁毒工作的部署和指示精神；参与制定禁毒宣传工作的方针、政策和规划；组织、指导、协调新闻单位宣传国家禁毒法律、法规、方针、政策、禁毒知识和禁毒斗争的成果、经验、先进典型及重大活动。

卫生部：贯彻“预防为主”的方针，积极开展健康教育工作。

外交部：配合有关部门做好禁毒对外宣传工作。

教育部：制定教育系统开展禁毒教育工作的政策、规划，将禁毒教育作为大、中、小学德育和安全教育的一项重要内容，纳入学校日常教育工作；加强对学校禁毒工作的组织领导，制定有关学校防毒、禁毒的制度和措施，明确校长是第一责任人，把学校无吸毒、贩毒现象作为学校德育和安全教育的一项基本目标；加强对大、中、小学生的法制教育和禁毒教育，提高其防毒、禁毒意识；配合有关部门开展对全社会的禁毒宣传教育工作。

民政部：加强基层政权和社区建设工作，促进禁毒政策的落实；加强对

禁毒社团的管理，支持其依法开展工作。

司法部：开展禁毒法制宣传教育，并将其纳入普法教育规划。

文化部：发挥文艺团体及各级群众艺术馆、文化馆（站）的作用，运用各种艺术形式宣传国家禁毒法律、法规和方针、政策；支持、鼓励文艺工作者通过艺术创作反映禁毒斗争中涌现出的英雄事迹，揭露国内外毒品犯罪分子的罪恶，揭示毒品对人类生命、社会秩序、家庭和个人幸福的严重危害性；按照国家禁毒委员会的部署，协助有关部门和单位做好重大宣传文艺活动的组织工作。

国家新闻出版广电总局：指导各电台、电视台开展禁毒法律、法规和方针、政策及有关知识的宣传普及工作，协调中央人民广播电台、中央电视台、中国国际广播电台宣传报道禁毒工作；支持、鼓励广播电影电视工作者创作反映禁毒题材的电影、电视和广播节目。

国家工商行政管理局：配合公安机关加强对个体工商户和私营企业的宣传教育工作。

国家林业局：配合有关部门做好林区禁毒宣传工作。

国家药品监督管理局：配合有关部门管理戒毒医疗机构，开展药物滥用社区防治和预防教育工作。

解放军总参谋部：协调军队有关部门，做好军队内部的禁毒工作；支持、协助各地区和有关部门开展禁毒工作。

全国总工会：组织协调直属新闻单位，配合有关部门加强对职工群众的禁毒宣传教育工作。

共青团中央：加强青少年法制宣传教育工作，在青少年中普及禁毒法律知识，增强青少年拒毒防毒意识；开展丰富多彩的文化、科技、体育活动，丰富青少年精神生活，教育青少年远离毒品；组织青少年积极参与禁毒专项斗争和有关禁毒工作；优化青少年成长环境，进一步维护未成年人的合法权益，做好涉毒青少年的帮教工作。

全国妇联：加强禁毒宣传教育工作，教育妇女远离毒品；把禁毒工作作为各级妇联参与社会治安综合治理的重要工作内容之一，实行目标管理，通过组织形式多样的活动，推动禁毒工作；发挥妇女在家庭中的特殊作用，努力做好家庭禁毒宣传教育工作。

◎ 开展全民禁毒宣传教育的具体法律规定

我国目前没有专门规定禁毒宣传教育的法律，关于禁毒宣传教育的规定散见于国务院各部委的一些决定、通知和地方条例中。其中较为重要的有：《全民禁毒宣传教育实施意见》《关于进一步加强禁毒宣传工作的通知》《中央社会治安综合治理委员会关于加强社会治安防范工作的意见》《关于进一步加强中小学生毒品预防工作的通知》《云南省禁毒条例》等。

1998年5月在北京举办的“全国禁毒展览”，可谓是我国开展禁毒宣传教育的一个里程碑。随后，全民禁毒宣传教育的问题便提了出来，在全国掀起了热潮：国家教育委员会会同国家禁毒委员会下发通知，规定把禁毒教育作为国民素质教育的组成部分，正式纳入中小学德育教育教学大纲，要求在大中小学校有针对性地开展形式多样的禁毒教育。全国妇联、中国个体劳动者协会、私营企业协会、共青团组织和一些宗教团体等也积极参与禁毒教育。

1. 全民禁毒宣传教育的指导思想、对象和任务

2005年1月，为大力开展全民禁毒宣传教育，国家禁毒委员会制定了《全

民禁毒宣传教育实施意见》，要求广泛深入地开展禁毒教育，提高全民禁毒意识和抵制毒品能力，这是禁毒工作的治本之策。各级党委宣传部门，公安、教育、民政、司法、文化、广播影视部门，工会、共青团、妇联组织以及各级禁毒办事机构在全民禁毒宣传教育中担负十分重要的职责，要结合当地实际，充分履行职责任务，加强组织领导，搞好协作配合，切实抓好全民禁毒宣传教育各项措施的落实，真正打一场禁毒人民战争。

● 全民禁毒宣传教育的指导思想

开展全民禁毒宣传教育要以习近平总书记对禁毒工作作出的重要指示为指导，在各级党委、政府领导下，广泛动员全社会的力量，坚持禁毒教育工作与毒品形势的发展变化相适应，坚持普及教育与重点教育相结合，坚持禁毒教育与国民素质教育相互融合、相互促进，以提高全民禁毒意识和自觉抵制毒品的能力为核心，不断增强禁毒教育的科学性、广泛性、针对性和实效性，在全社会倡导积极、健康的生活态度和生活方式，形成全民抵制毒品、参与禁毒的社会氛围，最大限度地减少毒品需求和危害。

● 全民禁毒宣传教育的主体

2005 年实行的《云南省禁毒条例》第 19 条明确规定：广播电视、新闻出版、文化等部门应当将禁毒宣传纳入工作计划并负责落实，各大众传播媒体有义务进行禁毒宣传。工会、共青团、妇女联合会等人民团体和有关社会团体应当开展禁毒宣传教育活动。这是关于大众传播媒介单位及其行政主管部门、人民团体和有关社会团体进行禁毒宣传责任的规定。本条规定是为了从宣传教育入手，进一步加大宣传教育，广泛开展禁毒宣传和禁毒教育，使人们真正了解毒品对个人、家庭和社会的危害。禁毒宣传教育的主体不仅包括各级禁毒领导机构、公安、宣传、广播电影电视、教育、卫生、民政、司法等部门，还包括新闻媒体、学校及其他各级、各类企事业单位；不仅包括乡镇基层政府、村民委员会、街道办事处、居民委员会等基层组织，还包括禁毒志愿者及广大人民群众等。广播、电视、电台、报刊、网站要充分发挥宣传舆论阵地作用，有效利用社会资源，积极宣传报道典型事例，主动开展禁毒公益宣传。教育、文化、卫生、司法、行政、公安等部门要各尽其责，工会、共青团、妇联等群众组织要充分发挥作用，动员和激励广大人民群众积极参加禁毒斗争，广泛开展面向全社会的禁毒宣传教育活动。

● 全民禁毒宣传教育的对象

禁毒教育面向全体公民。重点对象是：青少年；有高危行为的人群；有吸毒行为的人员；毒品问题严重地区的居民和流动人口；公职人员。

● 全民禁毒宣传教育的任务

全民禁毒宣传教育的基本任务是介绍毒品形势，普及禁毒知识，传播禁毒观念，宣传禁毒法规，动员全民禁毒；其核心是增强全民禁毒意识，提高公民对毒品及其危害的认知能力和抵御能力。对一般人群以普及知识为主，对高危人群以结合干预措施的宣传教育为主。

2. 建立全民禁毒宣传教育工作体系

● 建立分级负责、各司其职、齐抓共管的全民禁毒宣传教育领导体系

在各级党委、政府领导下，各级禁毒领导机构负责制定、部署全民禁毒宣传教育的规划，提出禁毒教育年度工作安排，组织、指导和推动禁毒教育工作和重大宣传教育活动。国家禁毒委员会和各省、自治区、直辖市禁毒领

导机构内均设立全民禁毒宣传教育协调指导组，承办具体工作。各地、市、州、盟禁毒领导机构内设立全民禁毒宣传教育指导中心，负责落实上级禁毒领导机构的规划和部署，安排和组织实施本地的禁毒教育工作。各级全民禁毒宣传教育协调指导组和指导中心由禁毒领导机构的相关成员单位组成。参加协调指导组和指导中心的各成员单位要认真贯彻本地禁毒领导机构的部署，充分发挥各职能部门的作用，坚持各司其职、密切配合，共同推动全民禁毒宣传教育工作。

建立全民禁毒宣传教育专家组和宣传教育工作队伍

国家禁毒委员会和各省、自治区、直辖市禁毒领导机构建立由教育、法律、传媒、社会学、医药学、精神卫生学、心理学等方面专家组成的禁毒教育专家组。专家组负责研究全民禁毒宣传教育工作面临的重大问题，制定禁毒教育指导原则和规范，向禁毒领导机构提出建议，对全民禁毒宣传教育教材、培训方案和宣传材料的编制进行指导和审核，参与对全民禁毒宣传教育工作的评估。

建立全民禁毒宣传教育工作队伍。在各地、市、州、盟禁毒领导机构禁毒教育指导中心的组织指导下，以各禁毒成员单位中从事宣传教育工作的专职人员为骨干，组成从事禁毒教育的专门队伍。这支队伍按照禁毒工作的职责分工，分别按系统组织、推动禁毒教育工作。在各个乡镇、街道、学校、社区医疗机构和特殊场所（监狱、劳教所、看守所、拘留所、收容教育所、戒毒所等）内普遍设立禁毒教育辅导员，形成一支经过专门培训的、遍布城乡的禁毒教育辅导员队伍。这支队伍结合本职工作开展禁毒教育，提供咨询服务。在全社会形成一支由社会工作者、传媒工作者、医药卫生、心理咨询工作者、禁毒志愿者等自愿从事禁毒教育的积极分子组成的义务性禁毒教育队伍。这支队伍在各级禁毒领导机构的指导下，坚持面向基层、服务基层，

从事面向全民或特定对象的宣传教育工作。各地要根据禁毒工作需要，建立不同规模的禁毒志愿者组织，发展禁毒志愿者队伍，禁毒工作任务繁重地区要率先建立。国家禁毒委员会办公室、共青团中央从2005年开始，在全国招募禁毒志愿者支持西部地区开展禁毒宣传教育。

3. 开展针对性强、形式多样、富有成效的教育活动

● 开展旨在保护青少年的“社区青少年远离毒品”行动

2002年11月，中央社会治安综合治理委员会下发《关于加强社会治安防范工作的意见》要求大力开展创建“无毒社区”“社区青少年远离毒品”等活动，最大限度降低毒品的危害。社会和家庭共同努力，加强对吸毒人员的教育和管理，减少吸毒人员的违法犯罪。各级共青团组织要按照团中央关于开展“社区青少年远离毒品行动”的部署，充分发挥各级团组织的优势，在广大青少年中开展内容丰富、形式多样、寓教于乐的禁毒教育活动，使广大青少年远离毒品。要依托青少年法律学校、青年中心、进城务工青年培训学校（站、点）、青少年维权服务站、青少年活动中心等阵地，切实加强对社区闲散青少年和进城务工青年的禁毒宣传教育及生活技能训练，增强青少年对毒品的防范意识。

社区、村（居）民委员会应当在村（居）民公约中规定禁毒的内容，开展禁毒宣传，并督促遵守。机关、企业事业单位或者其他组织应当依法制定本单位内部禁毒制度，开展禁毒宣传，并督促落实。社区、村（居）民委员会、机关、企事业单位及其他组织有开展禁毒宣传的责任和义务。一切国家机关、社会团体、企事业单位、社区、村（居）民委员会都应当结合自己的实际情况，依法制定禁毒方面的规章制度，对所属人员进行禁毒宣传教育。把禁毒宣传、教育工作落实到基层。国家禁毒委员会于 1999 年 8 月正式在全国推出创建“无毒社区”的工作，逐步把禁毒宣传引向社区，覆盖到社会各个角落。各级政府通过加强基层政权和群众性自治组织的建设，充分发挥街道办事处、乡镇、居（村）委会在禁毒工作中的作用，结合创建“文明社区”，积极做好禁毒宣传教育的基础性工作。

无毒社区

“无毒社区”是指：无吸毒、无贩毒、无种毒、无制毒的小型社区。1999年8月，国家禁毒委员会在内蒙古自治区包头市召开全国禁毒工作会议，部署开展创建“无毒社区”工作，标志着我国“无毒社区”的创建工作正式拉开帷幕。创建“无毒社区”活动就是以禁吸戒毒工作为重点，把禁吸、禁贩、禁种、禁制工作的各项目标、任务、措施和责任落实到社区党委、政府、各职能部门、公安派出所和居（村）民委员会等基层组织，城市以街道、农村以乡镇为基本单位，也可以居（村）民委员会为基本单位，然后积小区为大区，积小胜为大胜，逐步扩大“无毒社区”的范围，实现一县、一市、一省乃至全国“禁绝毒品”的目的。开展创建“无毒社区”工作，是在我国社会主义改革开放的新形势和21世纪新的历史条件下打赢禁毒人民战的有效形式和途径。是防止新吸毒者滋生，提高戒断巩固率，减少乃至逐步消除毒害，从根本上解决毒品问题的有效途径。创建“无毒社区”工作不但有利于提高民族的素质，有利于社会治安稳定，而且有利于促进社会主义精神文明的建设和提高我国的国际声誉，是实现长治久安，确保社会稳定安全的重要途径。

● 开展旨在保护家庭的“不让毒品进我家”活动

父母或者其他监护人应当对未成年人进行毒品预防教育。未成年人有吸食、注射毒品行为的，其父母或者其他监护人应当严格管束，并督促其戒除。父母或者其他监护人有对未成年人进行毒品预防教育和涉毒行为矫治责任的义务。第一，未成年人的父母及其监护人应当认真履行监督、教育职责，对未成年人进行毒品的预防教育。第二，未成年人有吸食、注射毒品行为，其父母和其他监护人应当履行监护职责，对其严加管束，并督促其戒毒。

各级妇联组织要充分发挥联系千家万户的优势，按照全国妇联关于开展“不让毒品进我家”活动的要求，结合本地实际，广泛开展面向家庭的禁毒教育，构筑“学校、家庭、社区”三位一体的禁毒教育模式，不断深化“不让毒品进我家”活动。要把存在毒品问题的社区和单亲家庭、流动人口家庭、涉毒家庭作为工作重点，加大宣传力度，完善帮教机制，积极创造条件，为他们解决实际困难。要利用社区、学校和家庭教育指导中心等场所，举办有禁毒志愿者、家长、戒毒专家和青少年参加的禁毒讨论会和培训班，协助家庭预防及克服家人滥用药物的危机和困难，协助医生做好药物戒毒人员的治疗工作，帮助家长树立正确的家庭禁毒教育观念，提高家庭保护意识和防范毒品能力。

● 开展旨在保护职工和个体劳动者的禁毒教育

各级工会组织要按照全国总工会关于开展“职工拒绝毒品零计划”活动的部署，大力推动面向企业、单位和广大职工的禁毒宣传教育，要将禁毒知识纳入职工岗位培训的重要内容，广泛开展创建“无毒单位”活动。要通过多种形式的宣传教育，使广大职工尤其是青年职工、临时工和农民工增强禁毒意识，自觉抵制毒品，参与禁毒。要积极帮助吸毒职工和会员戒毒治疗，重新回归社会。

各级个体劳动者协会、私营企业协会要在基层协会和广大会员中开展形式多样的禁毒宣传教育活动，积极开展创建“无毒基层协会”活动。要配合公安和工商行政管理等部门，加强对文化娱乐服务业、出租车业等重点行业会员的禁毒教育和培训。要在营业性娱乐服务场所公开张贴和放置禁毒宣传品，加强警示作用。

● 开展旨在预防无业人员和流动人口吸毒的普及教育

各级宣传、公安、司法、行政、卫生、民政、工商行政管理等部门和工、青、妇等群众组织，要把无业人员和流动人口作为教育重点，深入开展针对高危人群的禁毒教育，努力消除禁毒教育的盲区和死角。铁路、交通、民航等部门要在车站、机场、码头等交通集散场所和公共交通工具上开展禁毒教育。要充分利用公共场所的广告栏、宣传栏（牌）及广播、闭路电视等开展禁毒宣传，要在公共场所摆放或张贴禁毒教育宣传材料、禁毒标志和警语。

● 开展旨在帮助戒毒人员的心理、行为矫正教育

公安、司法、行政、医药卫生、民政部门要在监狱、劳教所、戒毒所、拘留所和自愿戒毒医疗机构等毒品受害者、毒品违法犯罪人员和高危人群集中的特殊场所开展禁毒、吸毒防治和预防艾滋病的教育。鼓励戒毒成功人员结合个人经历开展同伴教育。要对已经染毒的人群给予人文关怀，使他们认清摆脱毒品的正确途径和方式，树立回归社会的信念。

● 开展旨在预防贩运、种植和制造毒品违法犯罪活动的法制教育

人民法院、检察院和公安、司法行政部门要深入开展贩毒必惩的法制教育，以震慑犯罪、教育群众、弘扬正气。

针对可能种植毒品原植物的个别地区，在播种期深入开展禁种宣传，大

造声势，增强群众的禁种意识，防止罂粟种子落地。对偏僻的山区、林区要组织力量进山入林宣传到户，做到家喻户晓，人人皆知，防止复种。

针对易制毒化学品流入非法渠道用于制造毒品的情况，公安机关要会同商务、食品药品监督管理部门以易制毒化学品生产、经营、运输和使用单位为重点，向管理人员和职工宣传加强易制毒化学品管理对禁毒工作的重要意义，增强员工特别是重点岗位主管人员的禁毒意识和责任意识，提高易制毒化学品生产企业和经营单位的自我约束能力和防范能力。

以“6·26”国际禁毒日为重点，掀起面向全民、主题鲜明的禁毒宣传教育高潮

国家禁毒委员会结合当年全国禁毒工作重点，参照联合国确定的主题，每年年初公布当年禁毒宣传主题和宣传口号。各地区、各有关部门要在“6·3”虎门销烟纪念日至“6·26”国际禁毒日期间，组织开展主题突出、特色鲜明、声势大、效果好的集中宣传教育活动，掀起禁毒宣传教育高潮，使人民群众普遍受到一次禁毒教育。

4. 全民禁毒宣传教育的保障措施

保障禁毒教育经费的投入

建立和完善以政府投入为主、多渠道筹措资金的禁毒教育经费保障机制。政府禁毒教育经费作为禁毒经费的一部分列入各级政府财政预算，实行分级投入、分级管理制度。教育事业费中要适当考虑学校禁毒教育经费的支出。各地禁毒领导机构要切实加强禁毒教育经费的管理，专款专用，不断提高使用效益，并积极争取社会各界捐助和国际援助，拓宽筹资渠道。

● 加强对禁毒教育专业人员的培训

国家禁毒委员会鼓励并保障从事禁毒教育工作的人员接受专业培训，建立禁毒教育辅导员任职资格培训、考核、认定制度，制定培训大纲和考试办法。各省、自治区、直辖市禁毒机构开办禁毒教育培训基地，对经过培训考试合格的人员授予禁毒教育辅导员资格证书。

各级教育行政部门要切实加强禁毒师资和法制副校长的培训，有计划地推进教师毒品知识和毒品预防教育技巧的培训工作，确保每个学校至少有一名教师兼职负责学校毒品预防教育。要逐步建立各省、自治区、直辖市禁毒教师教育课程资源的共建共享机制，推进“全国教师教育网络联盟计划”的实施，利用现代远程教育手段面向农村教师开展禁毒课程师资培训。

● 编辑出版禁毒教育的教材和宣传品

在国家禁毒委员会禁毒教育协调指导组和专家咨询组的组织下，统一规划、编写适应不同对象需要的禁毒教育材料，逐步形成科学、规范、适用的系列宣传教育材料，包括《全民禁毒宣传教育读本》《社区禁毒知识读本》《学生禁毒知识读本》《领导干部禁毒知识读本》《禁毒志愿者手册》《药物滥用防治知识读本》等。各地可根据本地的特点和需要，以科学性和本土化为原则，有计划地编辑、制作禁毒书籍、挂图、招贴画、折页、影视片、公益广告等宣传品，服务于禁毒宣传教育工作。

● 加快禁毒教育基地建设

为了使禁毒宣传教育系统化、经常化，国家禁毒委员会统一部署，从1999年到2001年，在全国建设禁毒教育“五个一工程”：即各省、自治区、直辖市都要建立一所禁毒教育基地，各大中小学校每年都要开展一次禁毒教育活动，各地要组织一批禁毒宣传理论研究成果，创作一批禁毒文艺作品，培养一批青年禁毒志愿者。国家重点支持北京市、贵州省贵阳市、广东省东莞市等地建设一批永久性禁毒教育基地。从1998年起，中国开始出版《中国禁毒年度报告》。

各地要高度重视禁毒教育基地建设，按照统一规划、合理布局的原则，加快建设步伐，坚持建立相对独立、稳定的省级大型禁毒教育基地与依托现有群众性活动场所建立市、县级小型禁毒教育园地相结合，形成大小配套、层次分明、方便管理、服务群众的禁毒教育基地（园地）网络。要充分将当地禁毒工作的素材资料不断充实、更新内容，把禁毒教育基地（园地）办成介绍禁毒知识、展示禁毒成果、开展禁毒教育、实施禁毒培训的课堂和禁毒志愿者的活动场所。要充分利用青少年法制教育、爱国主义教育基地，青少年宫、儿童活动中心等活动场所以及"青少年远离毒品网"，面向青少年开展禁毒教育。各级各类学校要充分利用橱窗、黑板报、广播、闭路电视、校园网等开展禁毒教育。

● 充分发挥大众传媒的优势开展禁毒宣传教育

各类大众传媒要把禁毒教育作为义不容辞的职责，把禁毒宣传教育贯穿全年，使人民群众能够经常接受禁毒知识的熏陶和教育，筑起抵御毒品侵害的思想防线。中央和地方主要广播、电视、报纸、互联网站等要积极开展禁毒宣传，定期播放或刊登禁毒公益广告。进一步加强禁毒题材影视片、图书和音像制品的管理和创作生产，积极开发和推广适合青少年身心特点和认知规律的禁毒游戏软件产品。禁毒部门要加强与各种新闻媒体的配合和协作，共同推动禁毒宣传教育工作。各级人民政府和宣传主管部门要切实加强对媒体禁毒宣传工作的指导和督查。国家禁毒委员会和各省、自治区、直辖市禁毒领导机构要建立禁毒新闻发言人制度，定期发布禁毒新闻；组织出版禁毒年度报告，增加禁毒工作的透明度；建立禁毒教育网站和热线，介绍禁毒形势、宣传禁毒工作、接受群众咨询、听取群众意见，扩大禁毒教育的覆盖面。

为扩大宣传教育的影响，国家禁毒委员会、中央宣传部、公安部、国家广电总局联合下发了《关于进一步加强禁毒宣传工作的通知》。国家禁毒委员会办公室、公安部政治部联合下发了《关于做好禁毒严打整治专项斗争期间宣传工作的通知》并在《人民公安报》开办了《禁毒纵横》专版，组织新华社、中央电视台、中央人民广播电台、人民日报、法制日报及人民公安报等中央媒体记者赴云南、广东和湖南就禁毒严打整治专项斗争情况进行了广泛而深入的采访报道。中央电视台、中央人民广播电台的品牌栏目推出了禁毒新闻、专题节目或系列节目，《人民日报》《法制日报》《中国青年报》《人民公安报》《人民论坛》等报纸杂志都推出了禁毒专版、专栏或禁毒知识竞赛、禁毒巡回展览等形式，掀起了禁毒宣传高潮。宣传、广播电视、文化、卫生、民政、共青团、妇联、工会等部门根据本系统实际，开展多种形式的禁毒宣传教育活动。

● 加强禁毒教育领域的国际交流与合作

要扩大毒品预防教育领域国际及地区间的交流和合作，充分借鉴和吸收国外开展禁毒教育的理念、经验和做法，采取有效措施保证国际禁毒教育合作项目按计划实施，进一步提高合作项目在国内转化和应用的程度，以服务和改进国内的禁毒教育工作。

● 建立禁毒教育评估体系

国家禁毒委员会制定符合我国国情的各类人群行为干预效果评价指标体系和禁毒教育评估标准，建立禁毒教育绩效评价、反馈机制。各地禁毒领导机构要按照科学、客观、公正的原则，通过第三方定期开展评估工作，防止

形式主义和弄虚作假。要根据评估结果和变化情况，不断改进工作，保证禁毒教育工作持续、健康发展。要更新观念，求真务实，不断探索与当今社会和经济发展相适应的教育理念、教育方式和教育途径。要注重总结来自群众的新鲜经验，不断提高开展全民禁毒宣传教育的工作水平。

三、我国禁毒宣传教育的不足与建议

◎ 禁毒宣传教育工作存在的问题

1. 认识上存在偏差

对禁毒宣传教育认识不统一。有一些毒情严重的地方对宣传教育有恐惧感，害怕影响本地区声誉，拖了经济发展的后腿，故而宣传时小心翼翼。一些毒情不太严重的地区对此项工作缺乏紧迫感，重视不够，对毒品的发展趋势没有清醒的认识，面对现状不愿投入精力开展宣传教育，或者象征性地利用禁毒日敷衍，认为禁毒宣传教育是“软任务”，是“橡皮工作”，工作不积极，措施不落实。预防教育工作目前没有硬性量化指标，不容易从具体数据上对业绩进行考核，这就使得工作中没有明确的责任，可干可不干，可松可紧的思想普遍存在，有疲劳厌战情绪，失去了以往的工作热情。禁毒宣传教育工作者历经了几年的辛勤劳动，而每年仍有为数不少的吸毒人员的滋生和戒吸人员的复吸，此情此景使得工作者对宣传教育工作的热情逐年减退。

2. 禁毒宣传教育力量不足

禁毒宣传教育是一项长期的社会系统工程，虽然不能在短期内获得较大的经济利益，但这个工作将会在中华民族的千秋伟业、子孙万代的幸福家园中得到充分的回报。力量的投入是成功与否的重要保证，由于人、财、物各方面的投入相对欠缺，造成禁毒宣传教育后继乏力。禁毒部门预防教育力量缺乏，经费投入不足，造成工作的临时性、随意性，经验总结和工作指导服务不够。目前多数地方禁毒宣传教育工作无固定人员和专用经费，造成这项工作不能有计划、有步骤地开展。就连“6・26”“10・26”这两个禁毒宣传活动都难以保证有足够的经费。各单位、部门间对禁毒宣传教育没有形成合力。毒品危害已在过去几年中充分暴露出来，除导致刑事、治安案件的发生，更多地渗透到社会的方方面面，危害社会。对开展禁毒宣传教育工作，仅依靠公安部门的力量，而没有充分发挥工、青、妇、教育、卫生等社会力量。由于缺少统一的组织协调各方面的宣传教育力量，经常造成禁毒部门孤军奋战，没有体现出在禁毒宣传教育中宣传的成果。禁毒宣传教育在多数学校没有纳入教学主渠道。现阶段，学校教育以学生的升学率为教学核心，课程的设置、教学的活动都紧紧围绕这个中心，在升学和考试压力下，许多学校既缺乏对禁毒宣传教育的重视，又缺少具有专业知识的教师，学生则由于缺乏社会经验，对毒品危害认识不足，加之怀有好奇心理，最容易受到毒品的侵害。因此，学校办好禁毒宣传教育这一课，非常重要。由于学校教学经费紧缺，无力购买禁毒教学资料，教学师资力量严重短缺，影响教学和开课。

社区基层组织未充分发挥禁毒宣传教育作用。由于社区组织管理人员老化，文化素质偏低和基层派出所警力紧张，导致对社区的组织和管理能力下降，对社区闲散人员和流动人员的宣传教育跟不上。基层村委会、居委会的

工作人员往往由老年人组成，这些人员有工作热情，有责任心，但缺乏必要的文化知识和科学管理手段。

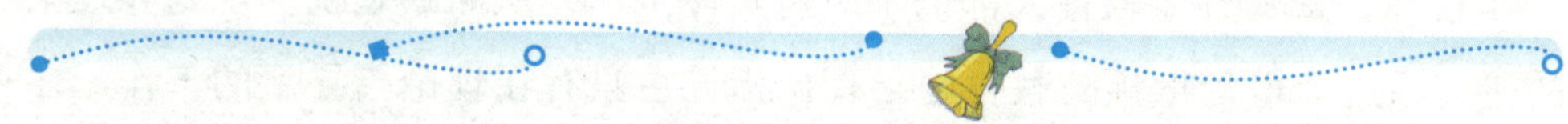

3. 禁毒宣传教育发展不平衡

禁毒宣传教育是一项社会系统工程，要靠全民众、全社会的力量来实施，由于受各种社会因素的制约，我国禁毒宣传教育发展形成不平衡的状态。

城乡禁毒预防教育工作不平衡。从历年的吸毒人员统计中可以发现，农村吸毒人数占吸毒总人数的大部分，究其原因在于农村人口众多，教育设施跟不上，受教育程度低，对毒品危害认识不深刻，防毒意识淡薄。由于我国农村经济与城市经济的差距较大，使得农村预防教育工作难以开展，导致城乡预防教育工作不平衡。

党政机关与企事业单位禁毒预防教育工作不平衡。由于党政机关人员的政治思想素质较高，对毒品危害认识较深，在禁毒宣传方面走在社会的前列，对干部职工的政治思想教育工作抓得较紧。而企业则不同，企业领导人把企业获得较好的经济效益和发展一直作为工作中心，对职工的政治思想教育抓得不紧，有的甚至不抓。

学校与学校、社区与社区禁毒预防教育工作不平衡。学校领导和社区管委会对毒品预防教育的重视程度决定着其管理区域内预防教育开展程度的不同。大多数学校领导注重的是学校的升学率，学校仅停留在教委所规定的常规教育。至于学校对学生课余的管理和控制，学校之间差距较大。由于我国社区的组织、管理者的文化水平偏低，年龄偏大，对社区人员的管理还处于低层次阶段。

4. 对禁毒宣传教育工作的指导和服务力度不够

目前，禁毒宣传教育大都忙于应付具体工作，从而缺乏统一规划和理论的研究，这使得禁毒预防教育缺乏理论指导。只有在理论指导下的工作，才能有目的，有效果，有提高。长期以来，我国毒品预防教育理论研究明显滞后，学术论文、研究著作严重不足。各地工作经验得不到及时推广。由于缺少专业的人员，对各地在禁毒预防教育工作中好的做法和成果，不能进行有效的总结，提炼成经验进行推广。各地不能有效地借鉴，造成重复劳动，没有实现资源共享，同时也影响到宣传教育重点不突出，资料不足、内容单一。每年两次的禁毒宣传活动，只是在面上搞得轰轰烈烈，散发的资料图片较单一，没有针对性。

◎ 完善和加强禁毒宣传教育的建议

针对我国目前在禁毒宣传教育工作中存在的上述问题，应采取以下措施，才能体现禁毒宣传教育在禁毒斗争中的重要作用。希望有关部门在修订禁毒相关法规时能加以考虑。

1. 加强领导，提高认识，纠正偏差

思想上要严格按照 1999 年全国禁毒工作会议提出的：“各级党委、政府一定要把禁毒宣传教育作为禁毒工作的治本工程，摆在突出位置，继续抓紧抓实。要把禁毒宣传教育纳入本地区社会主义精神文明建设的总体规划，统筹安排”的精神来贯彻。各级党委和政府应下决心抓好基层组织建设，督促

他们参与宣传教育工作，特别要把街道和乡村基层组织的积极性调动起来，并依靠他们把广大群众发动起来，切实做好组织工作。组织措施要有保证。禁毒宣传教育是一项综合的社会工作，缺少统一协调的组织手段将制约这项工作，所以要组建有公安、教委、卫生、共青团、妇联、工会等部门参加的禁毒宣传教育领导小组，由其统一领导、协调各部门单位开展毒品预防的宣传教育。各有关部门、单位要抽调人员，专门从事宣传教育工作，从组织措施上确保工作的开展。禁毒宣传教育应有必要的物质保障——任何工作的开展，都要有相应的资金保障，毒品预防工作也不例外，各级政府部门对此项工作不仅要有思想上的高度认识，还要从资金上给予保障，政府在安排财政预算时，应安排一定的专项资金，以保证禁毒宣传教育的正常开展。

2. 对现有禁毒委员会制进行改革

我国禁毒工作现行的领导体制是党委、政府领导下的委员会制，委员会成员为有关部门的负责人。委员会下设办公室，负责处理日常事务，省及省以下禁毒委员会办公室设在公安机关，是禁毒工作事实上的组织者和指挥者。近年来，禁毒工作取得的成效是显而易见的。但是，由于毒品问题或者说禁毒斗争不仅仅是一场正义与邪恶的斗争，同时也是一场思想斗争，一场实实在在的灵与肉的长期的、反复不断的意志力的持久战，仅靠公安机关一家是难以胜任的，必须动员全社会的力量。另一方面，必须强调并且坚决地实行形式和内容的统一，切实达到打防结合、堵源截流、标本兼治、重在治本的目的。为此，必须建立起一套完整的，具有充分的组织、领导、协调、指挥地方禁毒斗争的领导和办事机构，并赋予相应的职权，形成上下一致的、责权利相统一的工作机制，确保禁毒法律法规和国家有关方针政策贯彻落实。

3. 充实力量，提高全民禁毒意识，禁毒宣传教育要规范化、制度化

科学地编辑禁毒宣传教育的教材和宣传材料，在学校教育中定期安排时间，保证教育活动的进行。学校教育是对易染毒群体开展特殊教育的重点场所。青少年正处于身心发展的关键时期，对事物具有较强的好奇心和逆反心理，极易受到毒品的侵害。由此，公安、教育要共同联手开办禁毒宣传教育班，对大中小学教师进行培训，将教育工作向全省大中小学及各领域辐射，向深层次发展。继续推广现有普及性教育读本，还要抓紧组织编写适合学校教育的禁毒知识教材。

4. 重视社区的禁毒宣传教育

我国吸毒人员中以社会闲散人员居多，这些人大多分布于各社区中，所以加强社区禁毒宣传教育可以使禁毒意识深入每家每户，有效地减少新生吸毒人员。由于现代经济的高速发展，人员流动加快，不同文化相互交往，加重了社区管理的难度，社区教育的开展，要依靠基层组织，为基层管理组织注入新生力量。可从以下几个方面入手开展工作：首先，要定期对社会闲散人员和流动人口进行普查，及时摸清动向、了解情况；其次，要发动群众，建立健全群众监督机制，群众的及时报告，会为社会工作提供极大的帮助；再次，可以利用现有的有利条件对闲散人员集中开展工作，将宣传教育工作穿插于其他工作中，如将办证与禁毒宣传教育结合起来，也可以有计划地将这些人集中起来进行教育。

5. 加强行业教育

易染毒群体以青少年、社会闲散人员居多。这一特殊群体的大多数人，都面临就业选择和就业尝试。因此，他们在就业和从业的过程中，不可避免地要与政府有关职能部门接触并接受管理，如上岗培训、证件、执照的办理，审核营业情况的监督等。因此，政府部门在行使社会职能时，完全有条件对易染毒群体开展禁毒宣传教育。政府职能部门在行业管理中开展禁毒宣传教育时，要组织好骨干力量进行培训；针对不同的行业特点编写教材，通过行政手段将教育工作付诸实施。只有这样才能将禁毒宣传教育工作推向深入。

6. 加强超前预防

大量国内外青少年禁毒教育成功的范例表明：学校教育依然是当今禁毒最有效的形式。禁毒宣传教育应该始终坚持走“从小抓起，从学校抓起”的道路。如今，当务之急是使学生在学校里就能比较全面而直接地学到识毒、防毒的知识，从而在走向社会前增强对毒品的抵御力。在英美等国家，在学校教育阶段就开始把毒品的相关知识加入学习教材中，不仅是社会学课程，而且在化学课、生物课中也都讲到了毒品的特性和危害。为此，有关部门应加强在日常教学活动中穿插禁毒宣传教育的内容。香港特别行政区保安局首席助理局长黄思平认为，解决青少年吸毒最基本和最重要的问题是从预防教育开始，“我们在小五至高中各级学生中举办药物教育讲座，主题是集中纠正青年对毒品的错误观念，向他们传授拒绝毒品的技巧和毒品祸害的知识。对年轻人而言，电视和电视台是非常有效的宣传媒体”。他认为立法和行政干预非常重要，相关法律法规要不时回顾和修订。

此外，在以婚姻为基础、血缘为纽带的家庭里，家长及家庭其他成员对孩子的教育是在潜移默化中进行的，具有极强的感染性。因此，学校教育和家庭教育一致性就显得非常重要。学校应向家长宣传禁毒宣传教育对孩子健康成长的重要性和必要性，给家长提供禁毒预防教育的知识。出于少年儿童的认识还处于具体、直观、形象水平，父母言传身教的过程，也是子女模仿学习的过程。正是模仿心理和参与成年人活动的新奇和兴奋之感，促使孩子加入了瘾君子的行列。由此可见，学校应引导家长和家庭成员以模范的行为影响孩子，培养孩子良好的思想作风和生活习惯，减少和杜绝孩子吸毒的诱因。而现有法规中相关的规定很少，有关部门在修订相关法规时对这一问题应加以重视。

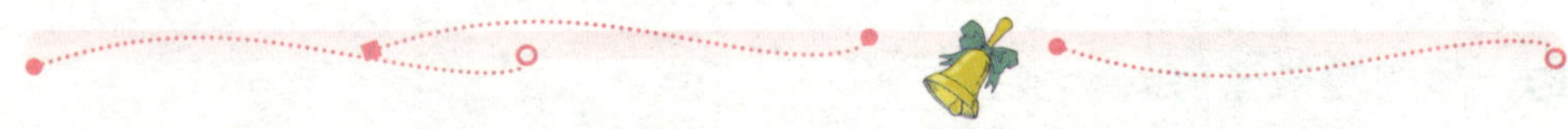

7. 要加强禁毒宣传的广泛性和社会性

通过多年的不懈努力，广大群众对毒品的危害有了一定的认识。应该看到，这种认识多是非理性的。事实上，在吸毒人员上升、贩毒犯罪屡禁不止的形势下，党和国家领导人民开展一场声势浩大的禁毒斗争，作为斗争中的舆论动员和大的战役行动，是必不可少的。但是，要认识到，毒品危害所造成的严重影响，绝不是靠几次战役可以根除的，必须要有长期打算。换言之，禁毒斗争是持久战，全社会都要有开展一场长期的人民禁毒战争的思想准备，绝不能搞毕其功于一役的速决战。如果说过去几年我国在禁毒斗争中取得了一些成绩的话，也只能是阶段性的胜利。这个胜利与禁毒斗争要实现的目标还有很大的差距，还需要做许多长期的、艰苦细致的工作，而加强宣传教育，就是这些工作中一项十分重要的任务。

就毒品危害而言，今天，已经没有人不知其危害了。因为这已是一种社会公害。但是通过进一步调查可以看出，绝大多数人只知道毒品沾不得，主要是吸毒违反国家法律，同时，吸毒必须花费大量的金钱。对于毒品特别是吸毒给社会、家庭和吸毒者自身带来的危害则并不为大多数群众所了解，更不知道如何去防范毒品的侵袭，去抵御毒品的危害，真所谓知其然不知其所以然。究其原因，主要还是禁毒宣传教育工作还缺少深度和广度，还必须在形式和内容上进一步采取措施。如果说在打击毒品犯罪上要不惜一切手段和提供经费保障的话，在加强禁毒宣传上，也必须进一步强化措施，加大经费投入，确保宣传效果。

开发和整合社区禁毒资源，打好禁毒的人民战争

社区中蕴涵着禁毒治理的丰富资源，如人力、物力、财力、技术、信息等资源，为社区禁毒工作的开展提供了资源保证。这是我们在社区禁毒工作中必须注意开发、整合和充分利用的。

1. 树立和谐发展观，实现禁毒工作社会化

实现禁毒工作社会化这一根本性的转变，就是在全民共建和谐社会的历史条件下，创造性地坚持党的群众路线，广泛地发动群众，组织群众，依靠群众，实行群防群治。对社区禁毒来讲，就是依托社区这个由基本群众组成的最基本的社会实体单元，走组织发动和依靠群众这一根本途径，把蕴藏在社区中的各种禁毒资源有机整合、调动起来，依靠各种社区组织和力量解决毒品问题。多年的禁毒斗争实践，使我们更加清醒地认识到，毒品问题作为当今社会的一大顽症，仅仅依靠专门力量开展禁毒工作远远不能适应斗争形势的需要。特别是我国目前处于并将长期处于社会主义初级阶段，这一基本国情决定了在短期内行政力量投入状况（包括人、财、物等）不可能有太大的改善。因此，治理毒品问题，势必要动员全体民众参与。

禁毒工作的成效，很大程度上取决于人民群众是否真正发动起来，全民禁毒意识是否真正提高。开展社区禁毒，就是为了把任务分解、责任落实到基层，充分发挥社区党政组织和有关职能部门的积极性，使禁毒工作由单纯

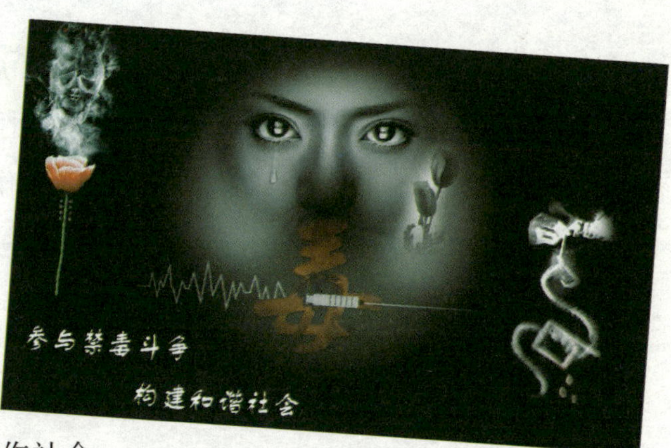

的政府主管部门的行为转变为全社会的行为，实现专门工作与群众路线相结合，形成由党委、政府负总责，各有关部门齐抓共管，广大人民群众积极参与的禁毒斗争格局，促进各项措施的全面落实。推进禁毒工作社会化，向社会民间领域发掘新的禁毒力量资源，建立禁毒工作新的“增长点”，可谓大势所趋。同时，创建“无毒社区”的活动，顺民心合民意，反映了广大群众的心声和愿望，符合在和谐的氛围中求发展的理念。从这个意义上讲，禁毒工作社会化是禁毒事业发展进程中的根本性转变。要实现这一根本性的转变，首先要树立人民群众是禁毒工作的主体和力量源泉的观念，确信警力有限、民力无穷，由过去主要依靠行政力量开展禁毒转变为在行政力量的主导下更充分地依靠社会力量开展禁毒；其次是加强调查研究，制定适应时代发展的禁毒战略，完善、引导和调动各种社会资源投入禁毒工作的相关政策，转变对禁毒工作的领导方式，形成禁毒工作运行的新机制。

2. 健全工作机构，实现社区禁毒组织体制的优化整合

第一，建立健全社区党团组织。确立社区基层党团组织的先锋领导地位，将离退休老人、流动人口、下岗失业人员中的党员、团员组织起来，成立“党团员义务禁毒工作队”，开展日常的学习、教育和社区公益活动，发挥党团员在社区禁毒宣传及社区公益事业中的积极作用。

第二，建立禁毒社会工作者队伍。对吸毒人员的帮教工作，涉及心理矫治、戒毒后续治疗、管理控制等各方面专业知识，因此有必要引进职业化、社会化、专业化、市场化机制，组建由社会工作者、教育、医疗以及社区服务人员参加的禁毒社会工作者队伍，作为社区禁毒指导、咨询机构，展开禁毒宣传、计划项目、监察毒品问题态势等各项工作。

第三，建立社区禁毒工作小组。在各社区、居（村）委会建立社区民警、居委会干部、志愿者禁毒帮教小组，对易染人群或禁毒重点人群进行全面、有效的帮教。

第四，组建群众禁毒自治组织。社区禁毒工作只依靠禁毒工作小组是远远不够的，还必须动员、组织居民群众积极参与禁毒工作，吸收社区内热心禁毒工作的社会帮教志愿者、禁毒社会工作者、治安积极分子及吸毒人员家属等组成群众自治组织，如社区里的老干部、老战士、老专家、老模范、老居民。

第五，扩大组建禁毒志愿者队伍，最大限度地凝聚禁毒力量。通过社区禁毒联络专员与社区禁毒委员会及政府性禁毒组织协同作战。

3. 优化整合社区禁毒信息资源

优化整合社区禁毒信息资源，就是要充分调动各方面的力量，构建灵活多样的群防群治情报网络。

首先，必须结合社会治安综合治理的预防犯罪信息系统，进一步完善社区禁毒信息的搜集和归类、入档制度，建立情况通报制度、分析预测制度、考核评估制度等；建立、完善社区禁毒基本信息库，以涉毒人员的身份证号码为依据进行社区禁毒信息网络传输、查询，准确掌握社区涉毒人员数量及状况，及时维护更新信息，保持数据准确、翔实、鲜活，初步形成吸毒人员动态管控机制，半年或不定期发表一次正式的研究报告，并对个案资料保密；及时发现常住人口中新增涉毒人员；掌握外逃涉毒人员的身份、行动信息；掌握社区中吸毒窝点、加工点、零售毒品交易场所等。目前，各地公安禁毒、治安、监管、刑侦、派出所以及司法劳教部门建立的吸毒人员动态信息已上网入库，实现了全国信息共享，为切实解决吸毒人员管理问题提供了准确的信息资源。

其次，在社区禁毒各主体之间建立长效合作机制，重点加强社区禁毒方面的警务现代化建设，借鉴美国施行的社区警察服务计划，社区居民提供线索与情报，警方尽力找出社区内吸毒、贩毒地点及网络等，警方为社区居民提供禁毒专业宣传和包括禁毒方面的社区危机处理服务等。

再次，社区禁毒信息资源的现代化运作离不开社区禁毒信息传输网络系统的建立，信息时代呼唤数字化社区禁毒信息资源的开发、网上社区禁毒信息运作技术开发和网上禁毒服务项目开发等。同时，应借鉴韩国、菲律宾等国家制定的对提供情报人员给予现金报酬的制度，建立禁毒举报奖励机制，鼓励、发动广大群众发现、挖掘毒品信息，为禁毒斗争服务。

4. 进一步整合社区禁毒人力资源

社区禁毒的人力资源是指参与社区禁毒的有关人员，如专门负责社区禁毒工作的是禁毒联络员，而禁毒医疗所的医务人员、禁毒帮教人员、社区民警、居委会干部和禁毒社会工作者等，都是社区禁毒工作重要的人力资源。

首先，必须提高参与社区禁毒人员的素质，培养高素质的社区警务人员、社区服务志愿者、社区禁毒管理人员以及帮教人员等。

其次，在社区建设一支由社会工作者、传媒工作者、医药卫生工作者、心理咨询工作者、禁毒志愿者等自愿从事禁毒教育的积极分子组成的义务性禁毒教育队伍。这支队伍在各级禁毒领导机构的指导下，从事面向群众或特定对象的宣传教育工作。

最后，要形成以专业社区禁毒力量即公安禁毒队伍为龙头、以警务区和报警点为纽带、以治保会和联防队为基础、社区成员以及社会禁毒工作者广泛参与的社区禁毒网络。

5. 加大社区禁毒财力资源的投入

建立和完善以政府投入为主、多渠道筹措资金的社区禁毒资金保障机制。社区禁毒的费用按照不同的禁毒方式由不同主体支付，社区涉毒人员的尿检以及强制戒毒的费用，建议由政府统一支出，而自愿戒毒的费用由吸毒者自理更为合理。

社区禁毒财力资源的整合主要涉及三方面：第一，政府的社区禁毒预算，这部分的政府投入既可以是直接的政府拨款、适当补助，也可以是对社区禁毒事业机构的政策扶持、税收优惠、贷款优先或人事政策倾斜等；第二，社区的民间筹资，通过广泛的社区禁毒宣传，鼓励社区内外的经济实体、个人以资金、实物、劳务等形式投入社区禁毒事业中；第三，建立社区禁毒基金，将来源于政府、社区禁毒基金资助的资金和社会的禁毒募捐以及社区公益服务收入结合起来，成立社区禁毒专项基金，创立各类基金组织和各种激励制度。以上资金必须切实加强管理，做到专款专用，不断提高使用效益。禁绝毒品是一项长期而又艰巨的任务，我们必须在构建和谐社会的发展目标的前提下，积极探索社区禁毒工作的新思路，充分利用社区资源，做好社区禁毒工作，为构建和谐社会，创造一个健康向上、充满活力的社会环境而努力。

知晓法律

一、毒品犯罪的法律规定

毒品犯罪是指违反国家和国际有关禁毒法律、法规，破坏毒品管制活动，应该受到刑罚处罚的犯罪行为。《联合国禁止非法贩运麻醉药品和精神药物公约》规定：毒品犯罪是指非法生产、制造、提炼、配制、兜售、分销、出售、交售、经纪、发送、过境发送、运输、进口或出口麻醉药品和精神药物、种植毒品原植物以及进行上述活动的预备行为和与之相关的危害行为。

吸毒违法　贩毒有罪

公安部毒品违法犯罪举报电话：010-66266611

 二、我国《刑法》规定的毒品犯罪的罪名

（1）走私、贩卖、运输、制造毒品罪；
（2）非法持有毒品罪；
（3）包庇毒品犯罪分子罪；
（4）窝藏、转移、隐瞒毒品、毒赃罪；
（5）走私制毒物品罪；
（6）非法买卖制毒物品罪；
（7）非法种植毒品原植物罪；
（8）非法买卖、运输、携带、持有毒品原植物种子、幼苗罪；
（9）引诱、教唆、欺骗他人吸毒罪；
（10）强迫他人吸毒罪；
（11）容留他人吸毒罪；
（12）非法提供麻醉药品、精神药品罪。

◎ 走私、贩卖、运输、制造毒品罪

1 走私毒品罪，是指违反国家毒品管制法规，逃避海关监管，非法运输、携带、邮寄毒品进出国（边）境的行为。

2 走私毒品罪的刑事责任是怎样规定的？

《刑法》对走私毒品分别情形，规定了不同的刑罚：

（1）走私鸦片一千克以上的、海洛因或者甲基苯丙胺五十克以上或者其他毒品数量大的；走私毒品集团的首要分子；武装掩护走私毒品的；以暴力抗

拒检查，情节严重的；参与有组织的国际贩毒活动的，处十五年有期徒刑、无期徒刑或者死刑，并处没收财产。

（2）走私鸦片二百克以上不满一千克、海洛因或者甲基苯丙胺十克以上不满五十克或者其他毒品数量较大的，处七年以上有期徒刑，并处罚金。

（3）走私鸦片不满二百克、海洛因或者甲基苯丙胺不满十克或者其他少量毒品的，处三年以下有期徒刑、拘役或者管制，并处罚金；情节严重的，处三年以上七年以下有期徒刑，并处罚金。

3 贩卖、运输、制造毒品罪：

贩卖、运输、制造毒品罪，是指违反毒品管理法规，贩卖、运输、制造鸦片、海洛因、甲基苯丙胺、吗啡、大麻或者其他毒品，违反国家禁毒管制的行为。

4 贩卖、运输、制造毒品罪的刑事责任：

（1）依照《刑法》第347条规定，贩卖、运输、制造鸦片一千克以上、海洛因或者甲基苯丙胺五十克以上或者其他毒品数量大的；贩卖、运输、制造毒品集团的首要分子；武装掩护贩卖、运输、制造毒品的；以暴力抗拒检查、挽留、逮捕，情节严重的；参与有组织的国际贩毒活动的，处十五年有期徒刑、无期徒刑或死刑，并处没收财产。

（2）贩卖、运输、制造鸦片二百克以上不满一千克、海洛因或者甲基苯丙胺十克以上不满五十克或者其他毒品数量较大的，处七年以上有期徒刑，并处罚金。

（3）贩卖、运输、制造鸦片不满二百克、海洛因或者甲基苯丙胺不满十克或者其他少量毒品的，处三年以下有期处刑、拘役或者管理，并处罚金；情节严重的，处三年以上七年以下有期徒刑，并处罚金。

◎ 非法持有毒品罪

1. 非法持有毒品罪，是指违反毒品管理法规，持有一定数量毒品的行为。

2. 非法持有毒品罪的刑事责任：

根据《刑法》第 348 条之规定，非法持有鸦片一千克以上、海洛因或者甲基苯丙胺五十克以上或者其他毒品数量大的，处七年以上有期徒刑或者无期徒刑，并处罚金；非法持有鸦片二百克以上不满一千克、海洛因或者甲基苯丙胺十克以上不满五十克或者其他毒品数量较大的，处三年以下有期徒刑、拘役或者管制，并处罚金；情节严重的，处三年以上七年以下有期徒刑，并处罚金。

◎ 包庇毒品犯罪分子罪

包庇毒品犯罪分子罪，是指明知是走私、贩卖、运输、制造毒品的犯罪分子，而为其进行窝藏或者帮助掩盖其罪行，以逃避刑罚处罚的行为。

◎ 窝藏、转移、隐瞒毒品、毒赃罪

1. 窝藏毒品罪，是指明知是毒品或者毒赃，而为毒品犯罪分子藏匿、转移、隐瞒的行为。

2. 窝藏、转移、隐瞒毒品、毒赃罪的刑事责任：

依照《刑法》第 349 条的规定，为犯罪分子窝藏、转移、隐瞒毒品、毒赃的，处三年以下有期徒刑、拘役或者管制；情节严重的，处于三年以上十年以下有期徒刑。

◎ 走私制毒物品罪

1 走私制毒物品罪，是指违反国家有关法律、规定和海关法规，逃避海关监管，非法运输、携带醋酸酐、乙醚、三氯甲烷或其他经常用于制造毒品的原料或者配剂进出国（边）境，数量较大的行为。

2 走私制毒物品罪的刑事责任：

依照《刑法》第350条之规定，非法运输、携带制毒物品进出境的，处三年以下有期徒刑、拘役或者管制，并处罚金；数量大的，处三年以上十年以下有期徒刑，并处罚金；明知他人制造毒品而为其提供前款规定的物品的，以制造毒品罪的共犯论处，单位犯该罪的，对其直接负责的主管人员和其他直接责任人员按同一规定处罚，对单位判处罚金或予以罚款。

◎ 非法买卖制毒物品罪

1 所谓非法买卖制毒物品罪，是指违反国家有关管理法规，非法买卖醋酸酐、乙醚、三氯甲烷或者其他经常用于制造毒品的原料和配剂，数量较大的行为。

2 非法买卖制毒物品罪的刑事责任：

（1）依照《刑法》第350之规定，犯买卖制毒物品罪，处三年以下有期徒刑、拘役或者管制，并处罚金；数量大的，处三年以上十年以下有期徒刑，并处罚金。

（2）单位犯该罪的，对其直接负责的主管人员和其他直接责任人按同一规定处罚，对单位判处罚金或予以罚款。

3 易制毒化学品的分类：

国家经济贸易委员会、公安部和国家工商行政管理局联合发布的《关于加强易制毒化学品生产经营管理的通知》中对易制毒化学品进行分类：

一类：（1）麻黄素；（2）3,4- 亚甲基二氧苯基 -2- 丙酮；（3）1- 苯基 -2- 丙酮；（4）苯乙酸；（5）胡椒醛；（6）黄樟脑；（7）异黄樟脑；（8）醋酸酐。

二类：（9）三氯甲烷；（10）甲苯；（11）乙醚；（12）丙酮；（13）甲基乙基酮；（14）邻氨基苯甲酸；（15）N- 乙酰邻氨基苯酸；（16）麦角酸；（17）麦角胺；（18）麦角新碱；（19）哌啶；（20）高锰酸钾。

◎ 非法种植毒品原植物罪

非法种植毒品原植物罪，是指违反国家法律、法规的有关规定，未经国家主管部门批准，私自种植罂粟、大麻等毒品原植物数量较大的行为。

◎ 非法买卖、运输、携带、持有毒品原植物种子、幼苗罪

本罪是指违反国家对毒品原植物种植的管理法规，非法买卖、运输、携带、持有未经灭活的罂粟等毒品原植物种子、幼苗，数量较大的行为。

◎ 引诱、教唆、欺骗他人吸毒罪

引诱、教唆、欺骗他人吸毒罪，是指违反国家禁毒法规，以引诱、教唆、欺骗为手段，促使他人吸食、注射毒品的行为。

◎ 强迫他人吸毒罪

强迫他人吸毒罪，是指违背他人意志，使用暴力、胁迫等手段，迫使他人吸食、注射毒品的行为。

◎ 容留他人吸毒罪

容留他人吸毒罪，是指行为人利用自己的住房或者其他场所，召集、收留他人吸食、注射毒品，并从中牟取非法利益的行为。

◎ 非法提供麻醉药品、精神药品罪

非法提供麻醉药品、精神药品罪，是指依法从事生产、运输、管理、使用国家管制的麻醉药品、精神药品的单位和个人违反国家有关规定，向吸食、注射毒品的人提供国家管制的麻醉药品、精神药品的行为。

三、我国有关禁毒的主要行政法规

《中华人民共和国治安管理处罚法》

2006 年 3 月 1 日起施行的《中华人民共和国治安管理处罚法》中涉及毒品治安案件处罚规定如下：

第七十一条 有下列行为之一的，处十日以上十五日以下拘留，可以并处三千元以下罚款；情节较轻的，处五日以下拘留或者五百元以下罚款：

（一）非法种植罂粟不满五百株或者其他少量毒品原植物的；

（二）非法买卖、运输、携带、持有少量未经灭活的罂粟等毒品原植物种子或者幼苗的；

（三）非法运输、买卖、储存、使用少量罂粟壳的。

有前款第一项行为，在成熟前自行铲除的，不予处罚。

解释及细化标准：

有下列行为之一的，构成情节较轻，处五日以下拘留或者五百元以下罚款：

1. 非法持有鸦片不满50克、海洛因或者甲基苯丙胺不满2克或者其他少量毒品（苯丙胺类毒品不满4克，大麻油不满200克，大麻脂不满400克，大麻叶及大麻烟不满6千克，可卡因不满2克，吗啡不满4克，杜冷丁不满10克，盐酸二氢埃托啡不满0.2毫克（针剂或者片剂）20微克/支、片规格的十支、片，咖啡因不满8千克，罂粟壳不满8千克）的；

2. 初次向他人提供毒品的或虽无主观恶意但多次向吸毒人员提供毒品的（如吸毒人员家属出于无奈被迫为吸毒人员购买毒品供其吸食的）；

3. 初次吸食、注射毒品或无吸毒违法记录的；

4. 欺骗医务人员开具少量麻醉药品、精神药品且未造成后果的。

第七十二条 有下列行为之一的，处十日以上十五日以下拘留，可以并处二千元以下罚款；情节较轻的，处五日以下拘留或者五百元以下罚款：

（一）非法持有鸦片不满二百克、海洛因或者甲基苯丙胺不满十克或者其他少量毒品的；

（二）向他人提供毒品的；

（三）吸食、注射毒品的；

（四）胁迫、欺骗医务人员开具麻醉药品、精神药品的。

第七十三条 教唆、引诱、欺骗他人吸食、注射毒品的，处十日以上十五日以下拘留，并处五百元以上二千元以下罚款。

解释及细化标准：

教唆、引诱、欺骗他人吸食、注射毒品，尚不够追究刑事责任的，处十日以上十五日以下拘留，并处五百元以上二千元以下罚款。

第七十四条 旅馆业、饮食服务业、文化娱乐业、出租汽车业等单位的人员，在公安机关查处吸毒、赌博、卖淫、嫖娼活动时，为违法犯罪行为人通风报信的，处十日以上十五日以下拘留。

此外，《治安管理处罚法》还规定：各级公安机关及其人民警察对办理治安案件所查获的毒品、淫秽物品等违禁品，赌具、赌资、吸食、注射毒品的用具以及直接用于实施违反治安管理行为的本人所有的工具，要依法收缴，并向物品持有人出具收缴决定书。对收缴的违禁品要依法予以销毁，对其他物品要在拍卖或者变卖后，上缴国库。对间接用于实施违反治安管理行为的本人所有的工具，以及直接用于实施违反治安管理行为的他人所有的工具，不得收缴。

《全国人大常委会关于禁毒的决定》

（1990年12月28日第七届全国人民代表大会常务委员会第十七次会议通过）

为了严惩走私、贩卖、运输、制造毒品和非法种植毒品原植物等犯罪活动，严禁吸食、注射毒品，保护公民身心健康，维护社会治安秩序，保障社会主义现代化建设的顺利进行，特作如下规定：

一、本决定所称的毒品是指鸦片、海洛因、吗啡、大麻、可卡因以及国务院规定管制的其他能够使人形成瘾癖的麻醉药品和精神药品。

二、走私、贩卖、运输、制造毒品，有下列情形之一的，处十五年有期徒刑、无期徒刑或者死刑，并处没收财产：

（一）走私、贩卖、运输、制造鸦片一千克以上、海洛因五十克以上或者其他毒品数量大的；

（二）走私、贩卖、运输、制造毒品集团的首要分子；

（三）武装掩护走私、贩卖、运输、制造毒品的；

（四）以暴力抗拒检查、拘留、逮捕，情节严重的；

（五）参与有组织的国际贩毒活动的。

走私、贩卖、运输、制造鸦片二百克以上不满一千克、海洛因十克以上不满五十克或者其他毒品数量较大的，处七年以上有期徒刑，并处罚金。

走私、贩卖、运输、制造鸦片不满二百克、海洛因不满十克或者其他少量毒品的，处七年以下有期徒刑、拘役或者管制，并处罚金。

利用、教唆未成年人走私、贩卖、运输、制造毒品的，从重处罚。

对多次走私、贩卖、运输、制造毒品的，从未处理的，毒品数量累计计算。

三、禁止任何人非法持有毒品。非法持有鸦片一千克以上、海洛因五十克以上或者其他毒品数量大的，处七年以上有期徒刑或者无期徒刑，并处罚金；非法持有鸦片二百克以上不满一千克、海洛因十克以上不满五十克或者其他毒品数量较大的，处七年以下有期徒刑、拘役或者管制，可以并处罚金；非法持有鸦片不满二百克、海洛因不满十克或者其他少量毒品的，依照第八条第一款的规定处罚。

四、包庇走私、贩卖、运输、制造毒品的犯罪分子的，为犯罪分子窝藏、转移、隐瞒毒品或者犯罪所得的财物的，掩饰、隐瞒出售毒品获得财物的非法性质和来源的，处七年以下有期徒刑、拘役或者管制，可以并处罚金。

犯前款罪事先通谋的，以走私、贩卖、运输、制造毒品罪的共犯论处。

五、对醋酸酐、乙醚、三氯甲烷或者其他经常用于制造麻醉药品和精神药品的物品，应当依照国家有关规定严格管理，严禁非法运输、携带进出境。非法运输、携带上述物品进出境的，处三年以下有期徒刑、拘役或者管制，并处罚金；数量大的，处三年以上十年以下有期徒刑，并处罚金；数量较小的，依照海关法的有关规定处罚。

明知他人制造毒品而为其提供前款规定的物品的，以制造毒品罪的共犯论处。

单位有前两款规定的违法犯罪行为的，对其直接负责的主管人员和其他直接责任人员，依照前两款的规定处罚，并对单位判处罚金或者予以罚款。

六、非法种植罂粟、大麻等毒品原植物的，一律强制铲除。有下列情形之一的，处五年以下有期徒刑、拘役或者管制，并处罚金：

（一）种植罂粟五百株以上不满三千株或者其他毒品原植物数量大的；

（二）经公安机关处理后又种植的；

（三）抗拒铲除的。

非法种植罂粟三千株以上或者其他毒品原植物数量大的，处五年以上有期徒刑，并处罚金或者没收财产。

非法种植罂粟不满五百株或者其他毒品原植物数量较小的，由公安机关处十五日以下拘留，可以并处三千元以下罚款。

非法种植罂粟或者其他毒品原植物，在收获前自动铲除的，可以免除处罚。

七、引诱、教唆、欺骗他人吸食、注射毒品的，处七年以下有期徒刑、拘役或者管制，并处罚金。

强迫他人吸食、注射毒品的，处三年以上十年以下有期徒刑，并处罚金。

引诱、教唆、欺骗或者强迫未成年人吸食、注射毒品的，从重处罚。

八、吸食、注射毒品的，由公安机关处十五日以下拘留，可以单处或者并处二千元以下罚款，并没收毒品和吸食、注射器具。

吸食、注射毒品成瘾的，除依照前款规定处罚外，予以强制戒除，进行治疗、教育。强制戒除后又吸食、注射毒品的，可以实行劳动教养，并在劳动教养中强制戒除。

九、容留他人吸食、注射毒品并出售毒品的，依照第二条的规定处罚。

十、根据医疗、教学、科研的需要，国家卫生行政主管部门依照法律、行政法规的规定，可以指定特定的地方和制药厂，种植、生产限定数量的毒品原植物和麻醉药品、精神药品。依法从事生产、运输、管理、使用国家管制的麻醉药品、精神药品的单位和人员，必须严格遵守国家关于麻醉药品、精神药品的管理规定。

依法从事生产、运输、管理、使用国家管制的麻醉药品、精神药品的人员违反国家规定，向吸食、注射毒品的人提供国家管制的麻醉药品、精神药品的，处七年以下有期徒刑，或者拘役，可以并处罚金。向走私、贩卖毒品的犯罪分子或者以牟利为目的，为吸食、注射毒品的人提供国家管制的麻醉药品、精神药品的，依照第二条的规定处罚。

单位有第二款规定的违法犯罪行为的，对其直接负责的主管人员和其他直接责任人员，依照第二款的规定处罚，并对单位判处罚金。

十一、国家工作人员犯本决定规定之罪的，从重处罚。

因走私、贩卖、运输、制造、非法持有毒品罪被判过刑，又犯本决定规定之罪的，从重处罚。

十二、对查获的毒品、毒品犯罪的非法所得以及非法所得所获得的收益、供犯罪使用的财物，一律没收。没收的毒品和吸食、注射毒品的器具，依照国家规定销毁或者作其他处理。罚没收入一律上缴国库。

十三、中华人民共和国公民在中华人民共和国领域外犯走私、贩卖、运输、制造毒品罪的，适用本决定。

外国人在中华人民共和国领域外犯前款罪进入我国领域的，我国司法机关有管辖权，除依照我国参加、缔结的国际公约或者双边条约实行引渡的以外，适用本决定。

十四、犯本决定规定之罪，有检举、揭发其他毒品犯罪立功表现的，可以从轻、减轻处罚或者免除处罚。

十五、公民对本决定所规定的违法犯罪行为有检举、揭发的义务。国家对检举、揭发走私、贩卖、运输、制造毒品等犯罪活动的人员以及禁毒工作中有功的人员，给予奖励。

十六、本决定自公布之日起施行。

四、毒　驾

据不完全统计，2009 年以来，全国发现的毒驾肇事肇祸案件数量呈逐年攀升趋势。而目前毒驾行为尚未列入刑法，公安机关对于发现的毒驾行为，造成严重后果的，只能根据《道路交通安全法》规定的交通肇事罪进行量刑。

目前，国家禁毒办、公安部就“毒驾入刑”问题已经与全国人大法工委、最高人民法院等部门进行多次沟通，赴各地开展调研，研究论证毒驾行为的法律适用意见，推动《刑法》修订案中增加关于毒驾的相关条款，解决罪行与罚则不相适应的问题。

五、国际禁毒日

国际禁毒日（International Day Against Drug Abuse and Illicit Trafficking），全称是禁止药物滥用和非法贩运国际日。时间是每年的 6 月 26 日。

20世纪80年代，毒品在全球日趋泛滥，毒品走私日益严重。面对这一严峻形势，1987年6月12日至26日，联合国在奥地利首都维也纳召开有138个国家的3000多名代表参加的麻醉品滥用和非法贩运问题部长级会议。会议提出了“爱生命，不吸毒”的口号。与会代表一致同意将每年的6月26日定为“国际禁毒日”，以引起世界各国对毒品问题的重视，号召全世界人民共同来抵御毒品危害。这项建议被联合国采纳。同年召开的第42届联合国大会通过决议，正式确定每年的6月26日为“反麻醉品的滥用和非法贩运国际日”。

自1987年以后，各国在每年的6月26日前后都要集中开展大规模的禁毒活动。

从1992年起，国际禁毒日每年都有一个活动主题，以达到国际社会关注和共同参与的效果。

公安部毒品违法犯罪举报电话：010-66266611